Michael Behrent, Peter Mentner

Campaigning

Medienpraxis

Band 2

LIT

Michael Behrent, Peter Mentner

CAMPAIGNING

Werbung in den Arenen der Öffentlichkeit

LIT

Die Deutsche Bibliothek – CIP-Einheitsaufnahme

Behrent, Michael; Mentner, Peter:
Campaigning : Werbung in den Arenen der Öffentlichkeit / Michael Behrent,
Peter Mentner. – Münster : LIT, 2001
    (Medienpraxis ; 2.)
    ISBN 3-8258-5663-1

© LIT VERLAG Münster – Hamburg – Berlin – London
    Grevener Str. 179   48159 Münster   Tel. 0251–23 50 91   Fax 0251–23 19 72
    e-Mail: lit@lit-verlag.de   http://www.lit-verlag.de

Dadurch,
dass wir Unnötiges hinnehmen und Mögliches leugnen,
können wir genauso leicht in die Irre gehen
wie dadurch, dass wir Notwendiges leugnen und
Unmögliches ersehnen.

Seneca

Inhaltsverzeichnis

Vorwort: Wir brauchen eine andere Werbung 7

Kapitel I:
Von der Werbung zum Campaigning 13
    Werbung gleich Wirbel? 15
    Wer wen? 18
    Akteur, Arena, Publikum 20

Kapitel II:
Die Arena – zwischen Hype und Hysterie 25
    „What to think" war gestern.
    Heute gilt: „What to think about" 28
    Die Privatheit der Öffentlichkeit 31
    Ja, wo leben wir denn hier? 35
    Ruhm ist vergänglich, Namenlosigkeit ist für immer.
    Kein wirklicher Trost für Namenlose, oder? 39
    Campaigning: Lernen von den Hypes! 45

Kapitel III:
Public Brands: die Marke als öffentlicher Akteur 49
    Die Marke im Container 54
    Die öffentliche Gestalt der Marke 57
    Menschen lieben Marken 59
    Campaigning für Marken 62
    Vom public insight zum Rollendesign in der Arena 65

Kapitel IV:
Corporate Campaigning – das Unternehmen in der Arena 69
    Unternehmen sind eine öffentliche Veranstaltung 71
    Nach der Krise ist vor der Krise 72
    Wirtschaft ist Krieg 74

Vorstände als Popstars oder: die Aktie im Container 77
Fazit: die Arena definieren 81

Kapitel V:
Campaigning und politische Kommunikation 83
Hilfe, wir werden amerikanisiert! 85
Schlechtmachen will gelernt sein –
das Positive am Negative Campaigning 89
Politik ist nicht Markenkommunikation 95
Campaigning nach dem Amtsantritt –
die Rolle der Werbung 99

Kapitel VI:
Organisation von Campaigning – Commitment ist alles 103
„Campaigning" mit Papst Gregor XV. 106
Corporate Identity statt Corporate Religion 111
Campaigning aus dem Warroom 119

Fazit: Ausreden sind nicht gestattet 122

Schluss: Letzte Antworten auf erste Fragen 123

Zugabe: 2 x Campaigning 127
Vodafone 130
SBAB 140

Literaturverzeichnis 150

Vorwort: Wir brauchen eine andere Werbung

Der Tag geht, und Heiner Bremer kommt. Und dann? Was bleibt hängen vom Tage, wenn nach 20 Werbeblöcken im Abendprogramm auch der RTL-Mann nach den letzten Nachrichten endlich Ruhe gibt? Was nimmt der Zuschauer mit ins Bett, was wird ihn beschäftigen?

Eine Frage, die für Werbetreibende, Redakteure und Sender gleichermaßen interessant sein dürfte. Eine Frage, die sich die vielen Absender all der Nachrichten, Informationen und Botschaften stellen, die Tag um Tag mit Hilfe der Medien den Weg zu ihren Zielgruppen suchen. Und all diese Absender fragen sich: Welche Botschaften werden so bedeutend, interessant und anregend gewesen sein, dass sie beim Empfänger nicht nur ankommen, sondern auch aufgenommen werden? Welche Botschaften hatten die Kraft, sich über den Tag hinaus festzusetzen, Handlungen auszulösen, die Welt zu verändern?

„Wie erziele ich mit meiner Kampagne die gewünschte Wirkung?" – das ist die immer dringlicher gestellte Frage der Werbung, mit der wir uns beschäftigen wollen. Uns geht es dabei nicht um einfache Rezepte, die morgen von anderen Rezepten abgelöst werden. Wir wollen aber auch keine akademische oder allzu theoretische Diskussion führen. Wir vermeiden bewusst die Ableitung und Einordnung in die bestehende Marketingliteratur, denn wir glauben, dass sie den Blick auf die notwendigen praktischen Lösungen häufig eher versperrt als eröffnet. Es geht uns vielmehr darum, praktische Schlüsse aus jahrelangen Erfahrungen mit Markenkommunikation, Unternehmenskommunikation und politischer Kommunikation zu ziehen. Es geht darum, etwas besser zu machen als bisher.

Dass der Gebrauch von Werbung – über Anzeigen, Spots, Plakate – heute kaum mehr die gewünschte Wirkung erzeugen kann, ja, das haben Experten schon erkannt. Nur: Warum ist das so? Und was kann ich tun? Wie erziele ich wieder Wirkung? Wir haben eine Antwort auf diese Frage gefunden. Der Ansatz, den wir mit diesem Buch liefern, überzeugt durch die Plausibilität vor dem Hintergrund der Erfahrungen, die Werber und PR-Leute, Pressesprecher und Marketingleiter in den letzten Jahren machen mussten. Und denen sie sich Tag für Tag neu stellen müssen. Unsere Antwort fordert dazu auf, auf der Basis dieser Erfahrungen die eigene Praxis zu überprüfen und sich für ein neues Denken zu öffnen. Nicht mehr soll dieses Buch bewirken, aber vor allem: nicht weniger.

Zurück zur Leitfrage: Was wirkt heute noch anregend? Jeder kann mit Leichtigkeit an sich selbst überprüfen: Anregend sind heute offensichtlich nur noch die Informationen und Botschaften, die das Publikum aufregen, seine Nerven nicht nur kitzeln, sondern vor eine Zerreißprobe stellen. Wer heute etwa die TV-Nachrichten einschaltet, muss erkennen, dass abends um acht die Welt nicht mehr in Ordnung ist (was sie nie war). Aber: Im Vergleich zu früheren Zeiten erzeugt heute bloß noch der Knall ein Echo, und das Echo wiederum schlägt sich nieder in Einschaltquoten und Auflagen. Warum sonst präsentieren die verantwortlichen Redakteure auch kleine Widerwärtigkeiten in Nahaufnahme, blasen jeden Unfall zum GAU auf? – Um die Sensibilität des Publikums zu schärfen? Nein. Auch vor dreißig Jahren war die Welt schief gewickelt, aber die „Tagesschau" war damals DIE „Tagesschau" und als solche eine Autorität, die den Zuschauer an die Hand nahm, das Wichtigste des Tages darlegte und nicht vornehmlich versuchte, ihn mit Katastrophen aller Art zu fesseln.

Dieses Buch wird dennoch keine Klageschrift; es wird auch nicht die „gute alte Zeit" heraufbeschwören, in der das Medienangebot nicht nur überschaubarer war, sondern überhaupt überschaubar. Denn dass sich die Zeiten ändern, ist nicht zu ändern. Die Frage ist: Wie kann, wie muss Werbung heute kommunizieren, um Wirkung zu erzielen, um ihre Botschaft beim Konsumenten zu landen? Unser Lösungsvorschlag lautet: Werbung muss zum Campaigning werden. Der Begriff Campaigning ist bekannt aus angelsächsischen Wahlkämpfen. Wir halten diese modernen Wahlkämpfe für Modelle, von denen man lernen kann, wie in der heutigen Medienöffentlichkeit wirkungsvolle Kommunikation funktioniert. Diese Wahlkämpfe werden nicht von Parteien dominiert, sondern von Personen. Die Auseinandersetzung orientiert sich nicht allein an Parteiprogrammen, sondern die Themen werden durch Meinungsforschung evaluiert und von den so genannten „Spin-Doctors" geführt. Sie werden – mit angelsächsischer Unbeschwertheit – aus dem „Warroom" heraus gesteuert. Lässt sich ein intensiverer Wettbewerb um die Zustimmung der Mehrheit vorstellen? Ein Wettbewerb, der zudem unter intensiver Nutzung aller Dimensionen von Öffentlichkeit erfolgt.

Politische Kommunikation ist für uns ein Modell für wirkungsvolle Markenkommunikation. Aber auch sie muss sich weiter entwickeln. Es wird in einschlägigen Kreisen intensiv über Professionalisierung in der kreativen Umsetzung gesprochen. Auch hier sieht man sich offensichtlich neuen Herausforderungen gegenüber.

Wir stellen also fest, dass es eine gewisse Übereinstimmung in der Problemwahrnehmung gibt: die Notwendigkeit, in der veränderten Medienrealität nach neuen Wegen zu suchen. Keine einfache Sache, denn Werbung beruht oft noch auf einer veralteten Vorstellung von Ursache und Wirkung, einer allzu simplen und nicht mehr aufrechtzuerhaltenden Beschreibung der Beziehung zwischen Sendern und Empfängern. Das muss sich ändern. Denn das ist die Voraussetzung dafür, Campaigning zu machen.

Um die Beziehung zwischen den „Sendern" und „Empfängern" besser zu verstehen, werden wir uns in diesem Buch mit den Mechanismen der „Öffentlichkeit" beschäftigen. Jeder spricht darüber, jeder weiß, dass Öffentlichkeit ein zentrales politisches, gesellschaftliches und ökonomisches Gut ist. Aber jeder, der glaubt, alles, was öffentlich ist, sei auch öffentlich wirksam, irrt. Keine Frage: Wir leben in einer Welt, in der binnen Sekunden eine globale Öffentlichkeit für bestimmte Themen entstehen kann, nur: Diese Öffentlichkeit muss erst einmal hergestellt werden. Aber was ist „die Öffentlichkeit"? Es ist doch schon schwer genug, eine Zielgruppe zu definieren! Warum soll man sich in dieses trübe Wasser begeben? Unsere Antwort: weil wir alle ohnehin schon drin schwimmen. Denn Öffentlichkeit ist zwar komplex und nicht eindeutig definierbar, dennoch wollen wir Werbetreibenden und Vertreter von Interessen sie für unsere Zwecke nutzen.

Öffentlichkeit soll herstellbar sein von allen, die Straßen, Plätze, Himmel und Erde, Medien und Versammlungen nutzen wollen, um ihre Botschaften an die Menschen zu bringen – so das Credo, das uns alle eint. Und wer immer mit der Herstellung von Öffentlichkeit beauftragt ist, entwickelt Strategien, um sie mit möglichst geringem Aufwand für seine Zwecke zu nutzen. So gesehen ist Öffentlichkeit ein Mittel, die vielen einzelnen Menschen für die eigenen Ziele einzuspannen. Aber was ist nun Öffentlichkeit? Öffentlichkeit entsteht immer dann, wenn ein Publikum entsteht, d. h. wenn die vielen Einzelnen wissen, dass viele andere an einem kommunikativen Vorgang beteiligt sind. Ich erkenne mich als öffentliches Wesen, wenn ich merke, dass andere an meinen Themen beteiligt sind, wenn andere zuschauen, zuhören, miteinander reden und mit agieren. Öffentliche Kommunikation ist daher mit einem einfachen „Sender-Empfänger"-Modell der Kommunikation nicht zu verstehen. Im Wettbewerb um die Aufmerksamkeit der vielen Einzelnen wird „die" Öffentlichkeit insbesondere unter Mitwirkung der modernen Medien zu einer Ansammlung von Arenen. Und diejenigen, die für ihre Tätigkeit die Öffentlichkeit als Ressource brauchen, werden unter den Augen des Publikums zu Akteuren, vergleichbar mit Gladiatoren.

Das Problem ist, dass sich die Werbetreibenden dieser Tatsache nicht mit ausreichender Klarheit stellen. Die in den letzten Jahrzehnten riesenhaft gewachsenen Möglichkeiten medialer Kommunikation haben eine Vielzahl von Kommunikations- und Planungsinstrumenten für Werbung, Internet, Sponsoring, etc. hervorgebracht. Sie alle leiden aber daran, dass jedes einzelne die Kommunikation auf den begrenzten Horizont der Leistungsfähigkeit des jeweiligen Instruments reduziert. Mediaplanung denkt an Kontakte, Konzepttests bewerten nur die

Botschaft, Pretests die „Likes" und „Dislikes" anhand von Animatics, Direktmarketing definiert sich über die Qualität der Verteiler etc. Im Ergebnis wird öffentliche Kommunikation instrumentell gedacht. Im Wettbewerb von Medien und Mittlern nimmt man pars pro toto: Die Menschen aus den Werbeagenturen und Verlagen schwören auf Anzeigen und Spots, Veranstalter auf Sponsoring, die Post auf Direktmarketing, Internetfirmen auf interaktive Medien und die PR-Leute schwören auf Medienarbeit. Doch Hand aufs Herz: Welches der genannten strategischen Instrumente kann in Wirklichkeit für sich beanspruchen, kommunikativ umfassend wirksam zu sein, geschweige denn die Ressource Öffentlichkeit optimal zu nutzen? Als das Hauptproblem bei der Herstellung und Nutzung von öffentlicher Aufmerksamkeit erweist sich die leitende Vorstellung der Werbeindustrie, dass man den Einzelnen mit ihrer Botschaft individuell, d.h. im Wohnzimmer oder am Küchentisch, ansprechen muss, indem man die Medien als Träger für schön und schöner verpackte Botschaften nutzt. Dieses Modell ist hinfällig. Denn die Botschaften gehen im täglichen Medienspektakel in der Regel einfach unter.

Aus all diesen Tatsachen resultiert die Kernfrage: Wie kann ich als Kommunikationsverantwortlicher oder Marketingleiter meine Marke, meine Aktie, mein Anliegen erfolgreich in den Arenen vertreten? Und welche Rolle spielt darin die Werbung?

Wir beantworten die Frage, indem wir zunächst die Grundzüge von „Campaigning" als kommunikative Haltung beschreiben. Im zweiten Schritt beschäftigen wir uns mit dem Wechselspiel zwischen Öffentlichkeit und Medien und der Entstehung von Medienarenen. Ausgestattet mit diesen Einsichten zeigen wir dann, unter welchen spezifischen Bedingungen Marken, Unternehmen und Politik in der Arena kommunizieren, und zeigen jeweils, welche Rolle Werbung dabei spielen kann. Wir behaupten: Marken und Unternehmen müssen in den Arenen zu öffentlichen Akteuren werden, die Themen besetzen, diese Themen kommunizieren und vor allem in der Lage sind, die von ihnen unabhängige öffentliche Kommunikation kreativ zu nutzen. Dabei kann man sogar von Big Brother und Jenny Elvers lernen.

Campaigning bedeutet vor allem: Grenzen überschreiten. Inhaltliche und organisatorische Grenzen, die man bisher hat unhinterfragt gelten lassen oder auch eifersüchtig bewacht hat. Im letzten Kapitel setzen wir uns daher mit der Organisation von Campaigning auseinander.

Als Zugabe dokumentieren wir schließlich zwei Kampagnen, die erfolgreich waren, weil sie im Sinne von Campaigning funktionierten: die Kampagne von Vodafone zur Übernahme von Mannesmann, deren Erfolg durch das Ergebnis klar dokumentiert ist; und die Kampagne von TBWA Stockholm für den Immobilienfinanzierer SBAB als Newcomer im schwedischen Markt, die beeindruckende Erfolgszahlen vorweisen kann.

Kapitel I:
Von der Werbung zum Campaigning

Wenn der Mensch die Begriffe „Ursache" und „Wirkung" verwendet, meint er, dass beide Begriffe unveränderliche Größen sind, d. h. dass die Wirkung die Folge der Ursache ist. Diese Vorstellung eines klaren Mechanismus findet man auch in der Forschung zur Massenkommunikation. Diese Vorstellung wurde für die Wissenschaft scheinbar zur Gewissheit – genau am 30. Oktober 1938. An diesem Tag flüchteten nämlich Hunderttausende New Yorker aus ihrer Stadt, weil sie im Radio gehört hatten, eine Invasion vom Mars stünde bevor und bedrohe ihr Leben. Doch die Menschen hatten nur das von Orson Welles inszenierte Hörspiel von H. G. Wells „Krieg der Welten" als Reportage missverstanden. Spätestens seit diesem Tag waren alle Kommunikationsfachleute sicher, dass der richtige mediale Stimulus (in diesem Fall eine Panik erzeugende Rundfunkbotschaft) den geplanten Response (in diesem Fall eine panische Flucht) beim Adressaten hervorruft.

Allerdings hätte es mit dieser Sicherheit bereits vier Jahre später vorbei sein müssen, denn eine 1944 veröffentlichte Wahlstudie belegte, dass der Einfluss von Hörfunk und Printmedien auf die Entscheidung der amerikanischen Wähler mehr als gering war. Fast alle ignorierten die Fülle der Informationen, die auf sie niederprasselten, aus Zeitungen, Flugblättern, Wahlkampfbroschüren, Radio und Fernsehen. Die Mediennutzer pickten sich nur die Informationen heraus, die sie für sich selbst als relevant erachteten bzw. die sie in ihrem Urteil oder Vorurteil bestätigten. Die enorme öffentliche Wirkung des Hörspiels von Orson Welles beruhte also auf der Verbindung des damals wichtigsten massenmedialen Kommunikationskanals mit einer intentionsfreien Geschichte, die den Nerv der Öffentlichkeit traf. Dennoch: Fast 60 Jahre nach dieser Untersuchung halten immer noch die meisten PR-, Werbe- und Medienexperten daran fest, dass die Menschen nur lang – und vor allem oft – genug mit den gleichen Verkaufsbotschaften „stimuliert" werden müssen, um so zu „reagieren", wie sie reagieren sollen. Viele Fachleute wollen es nicht wahrhaben, dass der Informationsfluss häufig gar nicht mehr ankommt, weil das Publikum dicht gemacht hat.

Wenn wir in der Kommunikation die Begriffe „Ursache" und „Wirkung" nicht überdenken, werden unsere Botschaften am Publikum vorüberziehen wie Schiffe im Nebel. Auch dann, wenn diese Schiffe prächtige Musikdampfer sein sollten.

Natürlich: Auch Campaigning ist Werbung, auch Campaigning bedient sich aller Instrumente der Werbung. Aber eben nicht nur. Campaigning bedient sich auch des gesamten Repertoires der PR. Und vor allem nutzt Campaigning diese Instrumente nicht nur in ihrer herkömmlichen Disziplinenlogik. Dass für eine enge Sicht von Werbung keine Notwendigkeit besteht, macht das ursprüngliche Verständnis des Begriffs deutlich.

Werbung gleich Wirbel?

Der Begriff „Public Relations" ist sehr jung, der Begriff der „Werbung" jedoch sehr alt, und er bezog sich ursprünglich nicht auf bestimmte Instrumente, sondern auf Zwecke. Der Begriff „Werbung" kommt in der indischen Sprache ebenso vor wie in der chinesischen und ägyptischen. Und natürlich sprachen auch die Griechen von „Werbung", und zwar immer dann, wenn ihre Armee verstärkt, sprich Soldaten angeworben werden sollten. Der kleine Unterschied kam bei Frauen zum Vorschein, denn griechische Frauen wurden nicht angeworben, sondern „überzeugt". Der Grieche unterschied also in seinem Sprachgebrauch zwei Tätigkeitswörter, die für den Werber des 21. Jahrtausends so gut wie identisch sind: werben und überzeugen. Im Lateinischen findet man dann Ausdrücke, die sich auch heute noch auf in der Werbung gebräuchliche Begriffe zurückführen lassen, nämlich diese:

propagatio = Fortpflanzung, Ausbreitung
propago   = Ableger, Setzlinge
propagare = fortpflanzen, ausdehnen, erweitern
reclamatio = Zuruf
reclamare = entgegenschreien, widerhallen

In den beiden letztgenannten Ausdrücken „reclamatio" und „reclamare" stecken die Wurzeln für unsere Begriffe „Reklame" und „Propaganda". Stichwort Propaganda: Dieser Begriff umschrieb anfänglich nicht etwa eine politische Überzeugungsarbeit zur Meinungsbildung, nein, er wurde erstmalig von der katholischen Kirche operationalisiert. 1622 entstand die „Congregatio Cardinalium de Propaganda Fide", die noch heute existierende „Kardinals-Kongregation zur Ausbreitung des Glaubens".

Die Römer und auch die Kirche verstanden die Botschaft im Kommunikationsprozess als eine Arte Grippevirus, den es galt, geplant zu verbreiten. Diese Ausbreitung erfolgte durch den Zuruf: „reclamare". Das Zurufen wurde gelehrt und gelernt in der „Rhetorik", der Kunst der Rede. Der Zuruf erfolgte „coram publico", also vor unmittelbar anwesendem Publikum auf Marktplätzen und in den Kirchen. Und da die Menschen sich eigens zu diesen Verkündigungen versammelten, konnte man von einem aufmerksamen Publikum ausgehen. In diesem Sinne wurde Werbung als öffentlicher Vorgang verstanden. Er wurde gesellschaftlich gedacht. Diese grundsätzliche Sichtweise hat sich paradoxerweise mit der Verbreitung von Massenmedien Schritt für Schritt verengt. Es wurde mehr und mehr instrumentell gedacht. Der Faktor Öffentlichkeit fiel unter den Tisch, und von einem aufmerksamen Publikum, das es zu begeistern gilt, geht man offensichtlich auch nicht mehr aus. Werbung dringt uneingeladen ins Wohnzimmer ein und geht schon vom Gestus gar nicht mehr davon aus, erwünscht zu sein. Wie lässt es sich sonst erklären, dass Werber unverzagt davon ausgehen, man müsse dem Konsumenten das Lied „Kauf mich" nur lang genug eintrichtern, mit dem Ziel, dass er irgendwann die Gegenwehr aufgibt und mitsingt?!

Irrtum. Denn mit den herkömmlichen Instrumenten der Werbung lassen sich heute kaum noch Melodien für Millionen erzeugen, im Gegenteil: Immer weniger Wirkung kostet immer mehr Geld. Die Masse macht's nicht mehr, weil die Masse nicht mehr mitmacht. In Zahlen ausgedrückt: Bei 50 bis 75 Prozent aller Werbeanstrengungen lässt sich nicht nur eine geringe Wirkung feststellen, sondern überhaupt keine! Von über 60 Milliarden Mark, die jedes Jahr in Deutschland in Werbung investiert werden, verpuffen 45 Milliarden – in Zeitschriften, TV, Kino, Radio. Und das Interesse an Werbung nimmt immer mehr ab.

Laut einer international angelegten Studie über Werbeerinnerung konnten sich 1960 immerhin noch 40 Prozent der Zuschauer eines Werbeblocks an einen Spot erinnern. Und heute? Heute sind es nur noch acht Prozent. Wie es zu diesem für Werbetreibende vernichtenden Ergebnis kommt? Eine Publikumsbefragung gibt die Antwort: 19 Prozent zappen zum nächsten Sender, 14 Prozent stellen den Ton ab, 7 Prozent schauen nicht hin, 53 Prozent beschäftigen sich während des Werbeblocks mit anderen Dingen. Und selbst wenn die Zuschauer voll konzentriert hinhören und -gucken würden, könnten sie gar nicht alles aufnehmen, geschweige denn behalten, was an Werbebotschaften in ihren Kopf will. Wie auch?!

Ein durchschnittlicher Deutscher verfügt über einen aktiven Wortschatz von rund 1.000 Wörtern. Für das tägliche Gespräch mag das genügen, doch nicht, wenn sich das Gespräch um Marken dreht. Denn allein in Deutschland gibt es 460.149 eingetragene Marken. 460.149! Zählt man sogar alle Marken zusammen, die seit 1948 beim Patentamt eingetragen worden sind und also irgendwann einmal versucht haben, in die Köpfe der Nachkriegsgeneration einzudringen, dann steigt die Zahl auf 758.390 Marken. Selbst wenn nur 500 Marken kommunikativ beworben würden, müsste der Werbetreibende schon mehr Glück als Verstand haben, wenn sein Markenname zu den 1.000 Wörtern gehört, mit denen Otto Normalverbraucher seine Einkaufslisten schreibt oder über seinen letzten Hosenkauf spricht.

Aber auf das Prinzip Glück setzt der Werbetreibende nicht, wie folgende Zahlen verdeutlichen: Von 1990 bis zum Ende der neunziger Jahre hat sich die Zahl der im deutschen Fernsehen beworbenen Marken nahezu von 1.952 auf 5.579 verdreifacht, die Zahl der Werbespots in diesem Zeitraum sogar verfünffacht, von 300.000 auf 1,5 Millionen. Der Werbetreibende gibt also immer mehr Geld aus, um immer weniger Publikum zu erreichen. 1993 nahmen 75 Prozent der Zuschauer einen Spot wirklich wahr, wenn sie ihn achtmal gesehen hatten; 1996 führten acht Kontakte nur noch bei 50 Prozent zu einer erinnerbaren Wahrnehmung. Also, was tun? Den Werbedruck erhöhen? Wer das tut, erzielt zwar eine sehr hohe Bekanntheit, nicht aber eine sehr hohe Akzeptanz oder gar Sympathie für die Marke. Also muss Werbung nicht nur druckvoller eingesetzt werden, sondern gleichsam lauter sein, um die Aufmerksamkeit des Publikums zu gewinnen? Nun, Untersuchungen belegen: Je monotoner und marktschreierischer Werbebotschaften daherkommen, desto weniger werden sie beachtet. Die meisten Verbraucher empfinden Werbung als Belästigung, 45 Prozent würden Werbung am liebsten gesetzlich einschränken lassen. Also, was tun?

Alle Jahre wieder heißt es: Die Werbung muss mutiger werden, realistischer, humorvoller, ehrlicher, echter, publikumsorientierter, überraschender, provokanter, aktueller, ideenreicher, lebensnaher, in einem Wort: kreativer. Und dank einiger weniger wird sie das auch. Doch das Ergebnis ändert sich kaum, die Ausgaben steigen und steigen und steigen, die Aufmerksamkeit des Publikums lässt nach und nach und nach. Also, was tun?

Wer wen?

Bevor wir Lenins berühmte Frage „Was tun?" beantworten, müssen wir uns mit seiner ebenso berühmten Frage „Wer wen?" auseinander setzen. Wer überzeugt eigentlich wen im wirklichen Leben? Die Medien das Publikum? Was passiert im Publikum mit Nachrichten und Themen? Der Kommunikationswissenschaftler Werner Früh gibt die Antwort in einem kleinen Szenario:

„Bei Familie X ist es üblich, beim Abendessen den Fernseher laufen zu lassen. Meistens trifft es sich so, dass während des Abendessens die

Sendung „heute" verfolgt wird „mit halbem Ohr". Der Aufmacher ist eines Abends eine Hausbesetzerdemonstration in Berlin: Steine fliegen in Schaufensterscheiben, Polizisten schießen mit Tränengas. Der Lärm lässt die Familie aufhorchen. Sie sieht sich das Spektakel an und bekommt dabei die Stichwörter „Demonstration", „Berlin", „Kämpfe mit der Polizei" mit, lässt sich aber beim Abendessen nicht weiter stören. Am nächsten Tag liest Herr X während der Frühstückspause am Arbeitsplatz die „Bild"-Zeitung, die mit der Schlagzeile „Blutige Demonstration in Berlin" aufmacht. Ihm fallen die Fernsehnachrichten des vorangegangenen Abends ein: Offensichtlich handelt es sich um eine wichtige Sache, von der man doch etwas mehr erfahren sollte. Daraus lassen sich drei Szenarien ableiten.

Szenario I: Herr X verfolgt an diesem und den folgenden Tagen die – knappe – Berichterstattung der „Bild"-Zeitung. Zwei- oder dreimal wird diese Demonstration Thema eines kurzen Meinungsaustauschs mit Kollegen und der Familie, dabei kommt große Übereinstimmung in Kenntnissen und Einstellungen zum Ausdruck. Nach drei Tagen ist das Interesse an der Demonstration erloschen.

Szenario II: Die Familie hat selbst lange in Berlin nach einer Wohnung gesucht und erfährt durch die Berichterstattung von „heute" und „Bild" beiläufig, wie viele Wohnungen in Berlin leer stehen. Ihre subjektive Betroffenheit führt dazu, dass man die nächste Ausgabe des „Stern" kauft: Sie kündigt auf der Titelseite einen Bericht über Wohnungsnot in Deutschland am Beispiel Berlins an. Darin vermutet Familie X nicht nur eine Information über die Berliner Demonstration, sondern auch über deren Hintergründe, Ursachen und mögliche Folgen. Vielleicht lesen Familienangehörige jetzt auch in der Lokalzeitung einen Kommentar, der sonst nicht beachtet worden wäre. Dort findet man plausible Erklärungsmuster – nicht nur für die Berliner Unruhen, sondern auch für die Wohnungsnot. Das Informationsbedürfnis ist jetzt weitgehend befriedigt; es werden keine weiteren Anstrengungen mehr unternommen, Zusätzliches zu erfahren.

Szenario III: Arbeitskollegen vertreten zu diesem Thema abweichende Meinungen und berufen sich dabei auf Informationen aus „Report", einer Sendung, die die Familie X nicht gesehen hat. Bei der nächsten „Report"-Sendung wird auf den gleichzeitig laufenden Spielfilm verzichtet und probeweise die Magazinsendung eingeschaltet: Sie verspricht offenbar Informationen zu bringen, die man in Diskussionen gut verwenden kann. Die Sendung wird eingeschaltet, obwohl man nicht sicher ist, dass über das Thema „Hausbesetzung" und „Wohnungsnot" erneut berichtet wird. Dadurch haben andere Themen der Sendung erstmals eine Wirkungschance; für diese Themen kann jetzt Szenario I oder II gelten. Vielleicht führt die breitere politische Information zu einem insgesamt stärkeren politischen Interesse."

Wer hat also wen überzeugt? Sicher ist: Die erste Zuwendung zum Thema erfolgt ursächlich aufgrund des zufälligen und beiläufigen TV-Konsums. Doch im weiteren Verlauf des Kommunikationsprozesses verselbstständigt sich das Thema. Seine Karriere vollzieht sich im Wechselspiel zwischen medialer Deutung und Auseinandersetzung im sozialen Umfeld. Und sicher ist, dass dieselbe Information für verschiedene Interpreten und zu verschiedenen Zeiten nicht die gleiche Bedeutung hat. Aber für alle Beteiligten war ein Thema gesetzt, das sie bewegte. So weit und richtig Werner Früh.

Akteur, Arena, Publikum

Die Markenkommunikation und die Werbung haben sich diesem Szenario realer Kommunikation noch nicht wirklich gestellt. Familie X wird auf allen zugänglichen Kanälen penetriert, und wenn das einigermaßen abgestimmt verläuft, nennt man es „integrierte Kommunikation". Dann findet Vater X in der BILD eine Anzeige, im TV läuft „nebenbei" ein Spot, der Postbote bringt einen Werbebrief, und das Logo des Sponsors blitzt in der Kurzberichterstattung über ein Sportereignis über den Bildschirm. Wir finden, das ist zu wenig. Wir wollen mehr. Wir wollen, dass Familie X über das redet, was wir zu sagen haben. Das ist nicht leicht? Stimmt. Aber es funktioniert, immer wieder. Die politische Kommunikation ist genötigt, diesem Szenario realer kommunikativer Wirkungen täglich gerecht zu werden. Und das gelingt ihr. Und ihr Erfolgsgeheimnis ist: Die politischen Akteure verstehen die Öffentlichkeit als Arena, in der sie um die Zustimmung des Publikums kämpfen. Akteur, Arena, Publikum – diese Begriffe bringen uns auf den Weg zu wirkungsvoller Kommunikation.

Der öffentliche Akteur gestaltet seinen Auftritt und seine öffentliche Präsenz und hat dabei eins im Sinn: Eindruck aufs Publikum zu machen. Wenn er ganz klar und schlüssig festgelegt hat, wie seine Rolle in der Öffentlichkeit sein soll, kann der Akteur schnell und flexibel entscheiden, mit welchen Gesten und Botschaften er zu welchem Zeitpunkt in die Arena tritt – und zwar so, dass es zu ihm passt. Der Begriff des Akteurs ist für uns zentral, er drückt das Selbstverständnis der Kommunikatoren aus: Sie sind nicht Absender von Informationen oder Botschaften in Richtung der Verbraucher, sondern aktiver Teil der öffentlichen Diskussion. Sie interagieren mit anderen Akteuren in der Öffentlichkeit, in der Arena.

„Arena" ist die Chiffre für die Rahmenbedingungen öffentlicher Kommunikation, aus der sich für uns alles ergibt. Der Begriff beschreibt bildhaft die Vieldimensionalität und die Dynamik, die den öffentlichen Raum prägen, in dem unsere Akteure erfolgreich auftreten sollen. Er beinhaltet die Aggressivität, die Schaulust, aber auch die Lust, im Scheinwerferlicht zu stehen. Er verweist auf Strippenzieher, Kulissenschieber und heimliche Regisseure. Er steht für die spezifische Atmosphäre des Unberechenbaren, der Überraschungen und gelungener Coups. Und die Arena steht für den intensiven Wettbewerb um die Aufmerksamkeit zwischen allen Akteuren – und nicht nur denen des eigenen Marktes. Und Arena steht auch dafür, dass man als Akteur zum Publikum aufschaut und nicht auf die Zielgruppe herab.

Mit den Mechanismen der Arena beschäftigen wir uns im nächsten Kapitel. Hier nur so viel: Wenn man die beiden Begriffe – Akteur und Arena – akzeptiert, wird man die eigene Kommunikationsplanung mit völlig neuen Augen sehen und umschreiben. Man wird nicht über Zielgruppen nachdenken, sondern über Verbündete, Gegner, Beobachter und Desinteressierte. Man wird immer im Auge behalten, dass die Zugehörigkeit zu einer dieser Gruppen mit der Zeit beziehungsweise mit der jeweiligen Aktivität wechseln kann und dass der Akteur manchmal gleichzeitig mehrere Rollen spielen muss. Doch ganz gleich, welche Rolle der Akteur gerade spielt, einer der wichtigsten strategischen Erfolgsgrundsätze lautet: Ergreife die Initiative, behalte sie und gebe dem Geschehen den eigenen Rhythmus.

Dabei darf nie die eigene Glaubwürdigkeit vernachlässigt werden, denn das Publikum in der Arena ist nicht mehr so gutgläubig wie früher oder wie sich mancher gerne einredet. Gerade in diesen undurchsichtigen Zeiten, in denen die Aufmerksamkeit sekündlich gereizt wird, möchte das Publikum wissen, wem es was glauben kann, auf wen und was Verlass ist, wer wie und womit Orientierung bietet. Glaubwürdigkeit ist die entscheidende Ressource in der heutigen Kommunikation. Die Aufgabe des Akteurs besteht darin, glaubwürdig zu sein. Charmant? Ja! Witzig? Gerne! Ironisch? Geht auch! Glaubwürdig? Immer! Doch wie erlangt der Akteur Glaubwürdigkeit? Glaubwürdigkeit entsteht dann, wenn man konsequent und nachhaltig seinem Rollenkonzept folgt. Wer glaubwürdig sein will, muss nicht immer Recht haben. Wer glaubwürdig sein will, muss nicht übertrieben offen sein. Wer glaubwürdig sein will, darf es nicht jedem recht machen und sich selbst unangreifbar machen wollen. Nein, Glaubwürdigkeit entsteht durch eine klare Positionierung, ein klares Profil, durch Schlüssigkeit, Nachvollziehbarkeit und Angemessenheit in der Kommunikation. Und mit dieser Art von Glaubwürdigkeit entsteht schließlich auch die für den Erfolg so wichtige Authentizität: Wer glaubwürdig seine Rolle in der Arena spielt, wird authentisch.

Und damit kommen wir zum dritten zentralen Begriff, zum Begriff des Publikums. Als Akteur kann man sich sein Publikum suchen, aber nicht immer aussuchen. Und der Akteur sollte sich nie bemühen, sein Publikum zu homogenisieren, weil er dann an Glaubwürdigkeit verliert. Natürlich muss das klassische Marketing von der Vorstellung ausgehen, dass man Produkte und Produktkommunikation auf die Bedürfnisse von Menschen zuschneiden kann, die dann statistisch zu Zielgruppen zusammengefasst werden, um so eine möglichst ökonomische Vermarktung sicherzustellen. So weit, so gut. Der Begriff der Zielgruppe wird jedoch irreführend, wenn man ihn anschließend zum ausschließlichen Orientierungsrahmen für die Kommunikationsplanung macht. Der Begriff Zielgruppe fasst nicht die kommunikative Rolle des Publikums. Denn das Wesen des Publikums ist, dass es situativ entsteht und unter dem Gesichtspunkt der klassischen Zielgruppenanalysen durchaus heterogen zusammengesetzt sein kann. Wenn man von Zielgruppen spricht, führt dies automatisch zu dem Satz: Ich muss die Aufmerksamkeit der Zielgruppe wecken – und führt damit auf dem kürzesten Weg am Problem vorbei. Denn Aufmerksamkeit ist genug da, man muss sie nur bündeln und auf sich richten. Wie man Aufmerksamkeit bündeln kann, lernt man, wenn man versteht, wie „Publikum" funktioniert. Wenn sich das Publikum als Publikum erlebt, wird es zum Zeugen seines Involvements, es wird zu einer „Aufmerksamkeitsgemeinschaft". Das wechselseitige Wissen, die Aufmerksamkeit auf dieselbe Sache zu richten, macht die Individuen zu einer Gemeinschaft, erzeugt zusätzliche Relevanz, Authentizität und Glaubwürdigkeit des Geschehens, also all das, was Werbung gerne erreichen möchte.

Wirksame Kommunikation stellt sich die Zielgruppe, wie sie das Marketing definiert, als Teil eines aktiven Publikums vor und nicht nur als eine statistische Größe. Die Aufmerksamkeit des Publikums lässt sich nicht einfach erkaufen, indem man Werbeblöcke bucht. Ein Publikum ist aktiv, hat ein eigenes Rollenverständnis. Eine Zielgruppe weiß dagegen nicht, dass sie Zielgruppe ist. Wenn der Akteur seine Zielgruppe als Publikum begreift, wenn das Publikum merkt, dass es vom Akteur in seiner Kommunikation wirklich gemeint ist, wenn er sich mit ihm verbündet, wenn er es fordert, wenn er es liebt – dann wird er es erreichen und überzeugen. Wie man sich mit seinem Publikum verbünden kann, zeigte z.B. Budweiser eindrucksvoll mit der „Whassup"-Kampagne in den USA.

Fazit: Wir sollten Werbung nicht länger als Doppelseite denken oder als Aneinanderreihung von Plots, die wir der Zielgruppe aufdrücken, bis sie sich erschöpft ergibt. Wir sollten anfangen, über das Geschehen in der Öffentlichkeit nachzudenken und darüber, wie wir dort mit den Mitteln der Werbung intervenieren können. Wir nennen dieses Vorgehen „Campaigning", weil es nicht vom Instrument oder vom Kommunikationskanal ausgeht, sondern nach dem öffentlichen Momentum für ein Thema sucht, nach einer Dramaturgie, die Spannungsbögen schafft. Campaigning ist, wenn man von dort aus seine Aktivitäten definiert. So gesehen ist Campaigning die neue Kommunikationsphilosophie für eine bessere Werbung.

Kapitel II:
Die Arena – zwischen Hype und Hysterie

Aber worauf lassen wir uns ein, wenn wir uns nicht allein an der Zielgruppe orientieren und in der Folge an den Zielgruppenmedien? Wie funktioniert Öffentlichkeit? Welche Rolle spielen darin die Medien? Wie entsteht öffentliches und individuelles Involvement? Was spielt sich ab in den Arenen? Und: Wie kann Werbung dort wirkungsvoll intervenieren?

Ein Blick auf den öffentlichen Spielplan ist zunächst beruhigend: Alles hat seine Ordnung und ist auf lange Sicht verplant. Auf Jahre hinaus steht fest, was los sein wird. Ob Kirchenjahr, politischer Kalender, Sport- und Kulturkalender, Wirtschaftskalender, Messe-kalender etc. pp.: Kein Freiraum nirgends. Weihnachten ist immer am 24. Dezember, das Oktoberfest im September, die Buchmesse immer im Oktober, Wahltermine werden langfristig festgelegt und sogar die Sitzungswochen des Bundestages sind mit mittlerer Verlässlichkeit planbar. Erst recht gilt das natürlich für medienrelevante Sportevents oder wichtige Branchenmessen. Heute verhandelt man Unsummen für die Vermarktungsrechte der Olympiade in 10 Jahren – weil das Ereignis und seine Vermarktung einfach sicher planbar sind. Das Geschehen in der Arena scheint also gut strukturiert zu sein. Die Nutzungsrechte liegen mitunter bei freundlichen Vermarktern und Veranstaltern, die uns gegen ein angemessenes Entgelt einen Stand auf der Schlüssel-messe, ein Co-Sponsoring auf der Sporttasche des Weltmeisters, einen Schnäppchenpreis bei der frühzeitigen Buchung von Spots zum nächsten Top-Ereignis oder ein nettes Product-Placement in der kommenden Erfolgsserie anbieten.

Kommt es also nur darauf an, das vorhandene Angebot optimal zu nutzen, um Wirkung in der Öffentlichkeit zu erzielen? Reicht es, die richtige Sponsoringagentur, die richtige Mediaagentur zu fragen und sich rechtzeitig die sonnigsten Placements zu reservieren? Das wäre ein fatales Missverständnis. Fatal, weil die kommunikative Aufgabe letztlich auf geschickte Gschaftlhuberei und einen dicken Geldbeutel reduziert wäre. Und ein Missverständnis, weil der Charakter der öffentlichen Agenda (oder auch der Agenden) nicht wirklich verstanden wäre. Denn: Wir können zwar annehmen, dass die Olympischen Spiele in 10 Jahren Milliarden Zuschauer vor den Fernseher bannen. Aber wir können nicht wissen, was die Menschen dann bewegen wird.

Nach der Besichtigung des Spielplans geht's erst los: Er definiert nicht mehr (aber auch nicht weniger!) als die Rahmenbedingungen, unter denen wir als Akteure versuchen, der Öffentlichkeit unsere eigene Agenda aufzuprägen. Wie beziehe ich mich auf die anderen Akteure? Wie baue ich die Handlungen der anderen Akteure und die laufenden öffentlichen Ereignisse in meine Geschichte ein? Wie inszeniere ich die öffentlichen Ereignisse als Dramen mit den unterschiedlichen Beteiligten so, dass ich meine Wunschrolle spiele? Auch in diesen Fragen hilft ein Blick auf die Lehren der politischen Kommunikation und dabei speziell auf eine zentrale Theorie: das Agenda-Setting. Nähern wir uns dem Thema noch einmal deskriptiv und schauen wir in die Zeitung.

Sollte sich in 100 Jahren ein Archäologe auf die Suche nach der verlorenen Zeit machen und dabei die „Spiegel"-Ausgabe 18/01 finden, wird er denken, die Welt hätte Ende April 2001 Folgendes bewegt: In Deutschland wollten die 40-jährigen die 68er ablösen, während Gerhard Schröder sich auf Werbetour durch den Osten der Republik begab, wohl um sein neues, von ihm ungeliebtes Kanzleramt nicht sehen zu müssen; die Stimmung in den oberen Etagen der Mobilfunkkonzerne war auch nicht heiter, denn trotz Handybooms steckten sie in der Krise, was auch ein Anlass dafür gewesen sein mag, dass deutsche Unternehmensberater nach Indien reisten, um dort Managertalente anzuheuern, vielleicht mit dem Hinweis, dass sie in Deutschland auch ohne Arbeit und Grips Millionär werden können, nämlich als Kandidat in einer der vielen Quizshows; im Geburtsland des Showbusiness, in den USA, stritten sich die Menschen derweil darum, ob die Hinrichtung des Attentäters Timothy McVeigh live im Fernsehen übertragen werden dürfe, Renault startete mit einem neuen Automobil den Angriff auf den „Golf", in Wien feierte man das Malergenie El Greco und in Stuttgart den „Wienerwald"-Gründer Friedrich Jahn. Um diese Themen drehte sich also die Welt nach Ansicht des Nachrichtenmagazins „Der Spiegel". Und der Archäologe würde sich nach der Lektüre fragen: War das Ende April 2001 die Wirklichkeit, das Spiegelbild der Welt oder das „Spiegel"-Bild der Welt, gebündelt auf 226 Seiten?

Es war ein Zerrbild und kann auch nie etwas anderes sein. Denn selbst in einer Jahresausgabe kann der „Spiegel" nicht all das wiedergeben, was sich Tag für Tag gleichzeitig auf der Welt ereignet. Die Medien müssen selektieren, und mit ihrer Selektion, die aus Platzmangel und eigener Weltsicht entsteht, zeigen sie einen Ausschnitt des Weltgeschehens, der nicht repräsentativ ist. Aufgrund der Medienberichterstattung kann das Publikum daher nur bedingt Rückschlüsse ziehen auf das, was wirklich passiert. Wenn der Archäologe nur den „Spiegel" fände, müsste er meinen, die bevorstehende Machtübernahme der 40-jährigen sei das große Thema in Deutschland gewesen. Warum auch nicht, einen Tag vor den Feierlichkeiten zum „Tag der Arbeit"? Doch nein. Aus Sicht etwa der „Süddeutschen Zeitung" und aller meinungsbildenden Fernsehsender zu diesem Zeitpunkt waren nicht die karrierehungrigen 40-jährigen das Top-Thema, sondern eine dubiose Millionenspende auf das Konto der CDU, überwiesen von ihrem ehemaligen Schatzmeister. Dies macht deutlich: Entscheidend ist nicht die Wertung im Leitartikel, sondern die Frage, wovon der Leitartikel handelt. Die Frage ist: Warum macht der „Spiegel" die karrierehungrigen Vierzigjährigen zum Thema und die aktuellen Medien die Konten des Herrn Kiep? Die Anschlussfrage ist: Wer bestimmt überhaupt, was Thema ist und was nicht? Und: Was findet das Publikum davon eigentlich interessant? Können die Medien Themen beim Publikum durchsetzen?

„What to think" war gestern. Heute gilt: „What to think about"

Fangen wir mit der letzten Frage an: Zwar haben die Medien eine exponierte Bedeutung, aber keineswegs ein Monopol auf die Her- bzw.

Bereitstellung von Themen in der öffentlichen Diskussion; und wie unabhängig sind die Medien, wenn sie doch nicht nur von der Informationspolitik ihrer Quellen abhängig sind, sondern ja selbst von Individuen gemacht werden, die eigene Vorstellungen von ihrem Publikum haben?

Die Agenda-Setting-Hypothese geht jedenfalls davon aus, dass die Gewichtung der präsentierten Themen (nicht deren Bewertung und Kommentierung!) in den Medien Folgen hat für die individuelle Themengewichtung des Rezipienten und damit sein Bild von der Welt beeinflusst. Diese Vermutung kann als Wendepunkt in der Geschichte der Medienwirkungsforschung gesehen werden. Agenda-Setting untersucht nicht vordergründig, ob die Medien unmittelbar das Verhalten und die Einstellung der Menschen beeinflussen. Agenda-Setting analysiert vielmehr, wie groß der Einfluss der Massenmedien auf den Grad der Wichtigkeit ist, der einem Thema in der Öffentlichkeit zugemessen wird. Dieser Ansatz geht davon aus, dass es möglich ist, mittels der Massenmedien die Tagesordnung der Öffentlichkeit gezielt zu beeinflussen. Die Medien bewirken demnach eine positive Selektion durch den Rezipienten und dessen Einschätzung, welche Themen in der Öffentlichkeit im Moment wichtig und welche unwichtig sind, welche also keine entscheidende Bedeutung für ihn haben. Das Publikum – so die Theorie – nutzt die Medieninhalte praktisch zur Klärung der Frage, was wichtig ist, was ansteht und was nicht (mehr).

Die Agenda-Setting-Hypothese wäre wohl nicht auf die Agenda von Journalisten und anderen Medienleuten gekommen, hätte nicht Maxwell McCombs, der frisch promovierte Assistenzprofessor für Journalismus an der University of California, während einer Kaffeepause auf die Titelseite der „Los Angeles Times" geguckt. Es war ein Nachmittag im Jahre 1966, und die Zeitung handelte drei Themen ab: Erstens und groß das lokale Programm gegen die Armut; zweitens die Wahlergebnisse in Großbritannien und drittens eher beiläufig einen Skandal in der Regierung von Lyndon B. Johnson. McCombs wunderte sich, warum der Johnson-Skandal so wenig Aufregung in der Bevölkerung verursachte, und überlegte, ob die Aufmerksamkeit, die die Medien einem Thema schenken, direkten Einfluss hat auf die Aufmerksamkeit, die das Publikum dem Thema schenkt.

Zu dieser Zeit steckte die amerikanische Massenkommunikationsforschung in einer Sinnkrise. Nachdem die Wissenschaftler in den frühen 30er- und 40er Jahren Arbeiten vorgelegt hatten, welche die fast grenzenlose Macht der Medien bei der Beeinflussung der Bevölkerung belegten, wurde ihnen in der Nachkriegszeit immer klarer, dass ein einfaches Stimulus-Response-Modell nicht vorliegen kann. Die aus damaliger Sicht nachvollziehbare Fixierung der Medienforschung auf politische Propaganda und deren Auswirkung auf die Meinungsbildung versperrte den Blick auf mögliche andere Medieneffekte. Doch Maxwell McCombs belegte, dass Massenmedien andere Effekte, und zwar sehr gravierende, für den Einzelnen und die Gesellschaft haben. Ihm schien es so, als gelte das berühmte Höhlengleichnis Platons für den modernen Mediennutzer und sein Verhältnis zur Realität: Nach Platon leben die Menschen wie in einer Höhle, und da sie über keine andere Informationsquelle verfügten, halten sie die Schatten an der Wand für real und nicht die Gegenstände, die die Schatten werfen. Heute erfährt der Mensch Realität durch technische Medien: Da er Fernsehzuschauer ist, Radio hört und Zeitung liest, ist er in der Welt zu Hause. Die Wirklichkeit, die er tagtäglich von den Medien geliefert bekommt, hält er für real. Was in den Medien nicht gezeigt wird, existiert für ihn überhaupt nicht.

Sind wir also hoch zivilisierte Höhlenmenschen? Sind wir beliebig manipulierbar durch die Medien? Kommt es also aus Sicht der Absender von Botschaften vor allem darauf an, beste Beziehungen zu den wichtigsten Chefredakteuren zu unterhalten? Nein, auch das reicht nicht. Weder Mediabudget noch Vitamin B sichern mir als Akteur die Gestaltung der öffentlichen Agenda und meinen Einfluss auf das Publikum, sondern nur die Chancen, meine Geschichte im Blatt unterzubringen. Die Konstruktion der Geschichte kann ich als Absender allerdings nicht delegieren. Die Konstruktion der Geschichte muss auf meiner eigenen Vorstellung beruhen, was mein Publikum interessieren sollte.

Die entscheidende Zielvariable ist nicht mehr das „what to think", die Zielvariable ist das „what to think about". Dabei geht es also zunächst nicht um Zustimmung oder Ablehnung von Meinungen, es geht um die unbewusste Gestaltung des Bildes, das das Publikum von der Welt hat. Es geht nicht um die Frage, ob jemand eine Botschaft glaubt, sondern ob er über eine Botschaft redet – und sie damit multipliziert. Die Theorie des Agenda-Setting ist also zunächst fruchtbar auf dem Weg zum Campaigning. Aber sie ist noch nicht die allein tragfähige Lösung.

Ausgedehnte Feldversuche, bei denen überprüft wurde, ob es den Massenmedien im Sinne des Agenda-Setting gelingt, Themen zu setzen, bestätigen jedoch nicht, dass sich die Menschen umstandslos von den Medien beeinflussen lassen. Sie zeigen, dass die von Medien gesetzten Themen in den sozialen Peer-Groups ein Gegengewicht haben. Dabei ist nicht so einfach vorherzusehen, wann ein Thema von den Peer-Groups akzeptiert und in ihnen diskutiert wird und wann nicht. Die Vorstellung, mit Hilfe der Beherrschung der Medien auch unmittelbar die Macht über die Köpfe zu erwerben, hat der Überprüfung nicht standgehalten. Öffentliche Wirkung entsteht in einem Wechselspiel von Medien und Publikum, in dem das Publikum eine aktive Rolle spielt. Welche Macht das Publikum hat, zeigt das Phänomen der Hypes, denn mediale Hypes entstehen dann, wenn alle Medien plötzlich denken, ein Thema sei massenwirksam. Publikum und Medien erzeugen dann im Wechselspiel jenen Taumel, bei dem alle Beteiligten Augenmaß und Verstand an der Pforte abgegeben haben und aus dem sie in der Regel mit einem Kater erwachen.

Die Privatheit der Öffentlichkeit

Um zu verstehen, wie heute öffentliche Wirkung entsteht, ist das Verständnis der Hypes tatsächlich wichtiger als das der Theorie des Agenda-Setting. Um die Hypes zu verstehen, muss zunächst mit einem

Vorurteil aufgeräumt werden, nämlich dem Vorurteil, dass das „Öffentliche" und das „Private" strikt zu trennen sind. Vielmehr wird das Geschehen in den Arenen angetrieben von der Spannung und dem Austausch zwischen beiden Sphären.

Dabei dürfen wir nicht übersehen, dass die Gesellschaft ein Recht auf gewisse Informationen hat, die den privaten Bereich des Einzelnen betreffen. Um das zu erkennen, muss man nur zum Standesamt gehen und sich die Aufgebote der Heiratswilligen angucken. Und von der TÜV-Plakette bis zum Umweltbericht haben Unternehmen und Institutionen die Pflicht, der Öffentlichkeit Auskunft über ihre Produkte und Dienstleistungen zu geben. Öffentlichkeit ist also in einer offenen Gesellschaft das wesentliche Regulativ, um private und (sic!) öffentliche Interessen abzugleichen.

Die Vorstellung, dass der Mensch die Tür zuziehen kann, nachdem er seinen Informationspflichten nachgekommen ist und sich in seinem trauten Heim heimelig fühlen kann, während es draußen unheimlich zugeht, ist allerdings illusionär. Heute ist seine Welt unheimlich privat, heute wird in den Medien – nicht nur in den „privaten" – ausgeplaudert, worüber man früher sogar unter Eheleuten nicht sprach. Natürlich sind die Rechte auf Würde und Unantastbarkeit der Privatsphäre Grundrechte. Und gegen Verleumdung, üble Nachrede und Verletzung der Privatsphäre kann man mit Hilfe von Anwälten vorgehen. Aber meist mit begrenztem Erfolg, denn wenn man einmal zum öffentlichen Thema geworden ist, ist das Kind meist schon in den Brunnen gefallen – Recht hin, Recht her.

Das formal und rechtlich institutionalisierte Spannungsfeld zwischen Öffentlichem und Privatem ist das Spielfeld, auf dem die Kämpfe um Macht und Geld, Liebe und Anerkennung ausgetragen werden, spannend für Akteure und Publikum gleichermaßen. Die Spannung zwischen beiden entsteht aus dem Wechselspiel von Zeigen und Verbergen, von Tabu und Grenzüberschreitung, von Hingabe und Selbstbehauptung. Dies gilt immer und überall.

In diesem Spannungsfeld liegt auch die Sprengkraft kommunikativer Wirkung. Ob Babs, Boris, Bohlen oder Big Brother – wenn das Öffentliche privat und das Private öffentlich wird, entsteht eine ungeahnte Dynamik. Das gilt nicht nur aufgrund voyeuristischer Bedürfnisse. Wenn unser Verteidigungsminister aus dem Urlaub eine Homestory mit seiner Lebensgefährtin zur Veröffentlichung freigibt, während sich seine Truppen auf eine heikle Mission vorbereiten, muss er sich nicht wundern, wenn die romantischen Motive auf dem Titel des „Spiegel" zum verliebten Plantschen im Stahlhelm mutieren. Die Homestory wird zur kommunikativen Tellermine.

Natürlich lässt sich das Spannungsfeld auch positiv nutzen, und zwar für etliche Marken. Nämlich alle diejenigen, die in ihrer Brand Equity das Potenzial haben, die private und öffentliche Welt zu verbinden, wie z. B. „Du darfst" mit der Aussage „Ich will so bleiben, wie ich bin!". Diese Aussage beinhaltet ein Selbstverständnis, aus der man eine soziale Bewegung machen könnte. In einer Welt, die perfektes Aussehen als Symbol für Erfolg zelebriert, bezieht „Du darfst" damit Position zu der Frage körperlicher Selbstbestimmung. Eine Frage, die in jedem zweiten Haushalt gestellt wird, eine Frage, bei der man gerne wissen möchte, wie sie der Nachbar beantwortet, eine Frage, bei der man sich wünscht, dass man öffentlich entlastet wird. „Du darfst" könnte mehr sein als weniger Kalorien.

Campaigning greift diese Dynamik zwischen Privatem und Öffentlichem auf und schafft dadurch Relevanz. Dazu brauchen wir zwar die Medien, aber sie alleine reichen nicht. Einerseits wird Öffentlichkeit heute von medialer Vermittlung geprägt. Andererseits dürfen wir Öffentlichkeit nicht auf mediale Öffentlichkeit reduzieren. Einerseits kann große Öffentlichkeit ohne Medienunterstützung nicht hergestellt werden. Andererseits sichert der Zugang zu den Medien nicht automatisch die Aufmerksamkeit der Öffentlichkeit. Das heißt: Spots und Anzeigen können geschaltet werden, und dennoch nimmt kein Mensch Notiz davon. Und wenn die Werbekampagne den Einzelnen nicht interessiert, dann erst recht nicht die Öffentlichkeit. Wirksamkeit erlangt Werbung nur, wenn sie versteht, dass Öffentlichkeit der Referenzrahmen ist, auf den sich jeder einzelne Kommunikator oder Rezipient beziehen muss, um Relevanz zu erlangen. Denn jeder Adressat sieht sich in Kommunikationsprozessen auch als eine öffentliche Person und fragt sich: Wie wirke ich? Was denken die Leute von mir? Bin ich auf der richtigen Seite? Das sind die Fragen, die sich der Mensch mehr oder weniger bewusst beim täglichen Konsum von Werbebotschaften stellt und in seinem sozialen Umfeld erörtert. In diesem Spiel machen sich die Medien zu Arenen, in denen diese Fragen inszeniert, dramatisiert, vergrößert, „öffentlich" verhandelt werden. Dabei konkurrieren die Standpunkte innerhalb des einzelnen Mediums und die Standpunkte der Medien untereinander.

Anspruch von Campaigning ist, diese Funktion und Funktionsweise der Medien nutzbar zu machen. Campaigning verbindet dazu die Kenntnisse aus der Werbung über „Consumer Insight" mit dem Wissen der PR um die öffentlichen Kommunikationsmechanismen zu einem konsistenten konzeptionellen Ansatz. Das ist so, weil sie sich zur Öffentlichkeit mehr oder weniger parasitär verhalten. Man handelt nach dem Motto: Wasch mir den Pelz, aber mach mich nicht nass. Man will massenhafte Aufmerksamkeit, ja „Involvement" – aber möchte sich den öffentlichen Wirkmechanismen nicht aussetzen. Das ist oft verständlich, aber es ist falsch! Denn so verkennt man den tatsächlichen Status der eigenen Rolle. Unternehmen und Marken dürfen sich nicht nur als Absender von Botschaften an möglichst viele einzelne Verbraucher verstehen, sondern haben heute strukturell den Charakter von öffentlichen Akteuren, weil sie von den Gesetzen der Öffentlichkeit dazu gemacht werden. Das birgt Risiken. Welche Ansprüche die Öffentlichkeit auf Marken und Unternehmen erhebt, wird immer bei Krisen sichtbar, also dann, wenn das klassische Kommunikationsverhalten versagt. Deshalb sagt der Ansatz von Campaigning: Wer kontinuierlich und konsistent als öffentlicher Akteur agiert, verbessert die Effizienz und Effektivität der Kommunikation – und ist auch für den Krisenfall besser gewappnet. Sich als öffentlicher Akteur verstehen heißt, dass man ein differenziertes Rollenkonzept entwickelt, dass man die ganze

Welt durch seine Brille sieht und mitteilt, was man sieht. Und sich mit ihr auseinander setzt. Sich als eine Alternative zu anderen sieht. Es bedeutet nicht, sich in die Arena zu stellen und sich auf die Brust zu schlagen, solange die Kraft reicht. Diesen Fehler begehen aber heute viele, vor allem auch viele Marken. Und was haben sie davon? Das Publikum verschließt die Augen oder wendet sich gelangweilt anderen Themen zu.

Das Publikum erwartet von den öffentlichen Akteuren, dass sie „wirklich" so sind, wie sie sich öffentlich geben. Es wird immer nachfragen, immer an der „Homestory" interessiert sein. Und es wird immer akzeptieren, wenn ein Akteur sagt: Bis hier und nicht weiter – wenn er nicht dem Verdacht Vorschub leistet, relevante Geheimnisse zu verschweigen. Das Publikum erhebt einen umfassenden Besitzanspruch auf die öffentlichen Akteure, aber es liebt diejenigen, die nicht opportunistisch handeln, sondern sich selbst treu bleiben. Ein Akteur, der die Öffentlichkeit in diesem Sinne nicht nur parasitär nutzt, sondern dort in Kommunikation eintritt, sich Feedback geben lässt, hat den gar nicht hoch genug einzuschätzenden Vorteil, seine Möglichkeiten besser kennen zu lernen und sich genauer auf das Publikum einstellen zu können.

Das alles klingt zu theoretisch? Ein Sittengemälde, entstanden zu Beginn des dritten Jahrtausends, bringt Farbe ins Grau der Theorie.

Ja, wo leben wir denn hier?

Diesmal war es kein Ei, diesmal war es ein Windbeutel, der bei seiner Buchpräsentation nach kurzem Flug vor laufenden Kameras in Helmut Kohls Gesicht landete und ihn fragen ließ: „Ja, wo leben wir denn hier?". Doch er hätte wohl ein Windbeutel-Geschwader über sich ergehen lassen, wenn dadurch der Sturm, der „draußen im Lande" wütete, mal Pause machen würde, nach monatelanger Spendensumpfdebatte. Sturm? Pause?

Ein Orkan zog über Deutschland, und sobald sich eine Sturmfront abschwächte, kam die nächste: BSE; der Tod eines kleinen Jungen in Sebnitz; die Maul- und Klauenseuche; die schlagkräftige Vergangenheit des Außenministers Joschka Fischer; die „Ich-bin-stolz-ein-Deutscher-zu-sein"-Diskussion, ausgelöst von Umweltminister Jürgen Trittin; die Leitkultur, ins Leben gerufen vom CDU-Fraktionsvorsitzenden Friedrich Merz; der Rosenkrieg im Hause Becker mit anschließender öffentlicher Erörterung des „Samenraubs". Die Aufzählung der Ereignisse erhebt nicht den Anspruch, chronologisch korrekt zu sein, doch zeigt sie, dass jedes Ereignis das Zeug zur Titelschlagzeile haben kann, auch wenn es um „Peanuts" geht. Kann die dramatische Aufheizung der Erdatmosphäre gestoppt werden? Kann ein Tagesthemenmoderator Vorbild sein, der in seiner Jugend mal ein Kännchen Haschisch-Tee trank? Kann der Frieden im Nahen Osten dauerhaft gefestigt werden? Geisterfahrer? Waldsterben? Das war einmal. Und vielleicht lösen sich auch die gegenwärtigen Probleme von selbst auf, nur werden leider ganz wenige Deutsche die rosige Zukunft erleben, denn: Die Deutschen sterben aus! Nicht, weil sie zu viel Rindfleisch gegessen haben, sondern weil sie sich nicht mehr fortpflanzen. Die Deutschen sterben aus! Auch das war, Anfang April 2001, eine dieser Schreckensschlagzeilen, und da spielte es schon fast keine Rolle mehr, ob Dieter Bohlen singen kann oder nicht.

„Ja, wo leben wir denn hier?" – Helmut Kohls Orientierungs- und Sinnfrage wurde zum täglichen Notruf einer Öffentlichkeit, die am Rande des Nervenzusammenbruchs lebt. Kann mal jemand kommen, der in der Lage ist, das Wichtige vom Unwichtigen zu trennen? Wo leben wir? Nach Ansicht des Soziologen Ulrich Beck leben wir in einer „Weltrisikogesellschaft", die der Mensch begreifen muss „als Realität, die ein Niveau der Selbstgefährdung erreicht hat, das immer noch unsere Vorstellungskraft übersteigt". Früher war die Realität auch nicht besser, klar, doch zwischen den einzelnen Problemen blieb mehr Zeit, sich auf den nächsten Schrecken einzustellen. Wir leben im Wandel, weiß daher Bundeskanzler Gerhard Schröder. Natürlich ist ihm auch bewusst, dass zum Charakter des Wandels die Unsicherheit gehört, dennoch will er die Deutschen mit dem Versprechen gewinnen: „Sicherheit im Wandel". Den Begriff „Sicherheit" hören die Deutschen seit jeher gern, und Politiker, die „Sicherheit" versprechen, haben schon fast gewonnen, wie ein Blick in die deutsche Wahlkampfgeschichte zeigt.

1957 versprach Konrad Adenauer „Sicherheit für alle". Kurt Georg Kiesinger trat 1969 an mit dem Slogan „Sicher in die 70er Jahre". Rudolf Scharping zog in den Stimmenkampf mit dem Versprechen „Sicherheit statt Angst". Doch Angst, fand die Meinungsforscherin Elisabeth Noelle-Neumann heraus, Angst wollen Deutsche nicht nur nicht haben, sondern gar nicht erst hören; für Scharping kam diese Erkenntnis zu spät – er kam 1994 nicht in den Genuss der Macht. Das Risiko hingegen gehört zum Leben, ob bei der Eheschließung, beim Verfassen der Steuererklärung oder im Straßenverkehr; und deshalb veränderte Helmut Kohl 1998 kurz und Gewinn bringend Scharpings Schlachtruf in „Sicherheit statt Risiko". Doch was ist schon sicher außer dem Risiko? Sicher ist heute alles, was auf -isierung endet: Digitalisierung, Individualisierung, Modernisierung, Globalisierung und so weiter und so unklar.

Klar ist, dass mit Hilfe dieser Terminologie versucht wird, das Abstrakte gegenständlich zu machen, das Unfassbare begreiflich. Die Frage ist nur: Wer trägt die Schuld an dem Unfassbaren, das sich Tag für Tag in Deutschland und dem Rest der Welt ereignet? Die Medien! Natürlich die Medien! Wer denn sonst? So sehen es zumindest die Medienkritiker. Die Wahrheit ist allerdings: Die Medien können nur auslösen, was aufgenommen wird. Ob das nun ein koksender Fußballtrainer ist oder ein Generalsekretär zu Besuch im „Big Brother"-Container, ob Rinderseuche oder Rentendebatte – das Leben schreibt die besten Geschichten, diese werden auf Schlagzeilentauglichkeit hin überprüft, gedruckt und gesendet, und die Gesellschaft taumelt wie betrunken von einer Schlagzeile zur nächsten, zur größeren, zur unfassbareren – und niemand ist da, der dem Publikum Halt gibt. Wie sollte dieser Halt auch beschaffen sein, wo das Publikum seine Medienkompetenz in Jahrzehnten vor dem Fernseher erworben hat und selber entscheidet, wann es zur Ironie neigt und wann zum bitteren Ernst. Guildo Horn zum Grand Prix? Geil! Die Deutschen sollen sich halt nicht so ernst nehmen. Vodafone kauft Mannesmann? Hilfe, nationaler Ausverkauf!

Wenn alles Thema ist und jeder Thema werden kann, wird die Sache eben unüberschaubar. Früher schaute der Mensch Fernsehen, um in die Ferne zu schauen; heute macht er den Apparat an und sieht sich selber. Er könnte auch ein Urlaubsvideo einlegen, doch erst wenn „Sonne, Sex und Sand" auf RTL 2 zu sehen ist, ist Sonne, Sex und Sand sehenswert.

Wie kann unter diesen Bedingungen ein öffentlicher Akteur über- leben? Ein Beispiel: Als „Stern" und „Spiegel" über die wilden Jahre des Außenministers Joschka Fischer berichteten, freuten sich die einen: Endlich mal wieder ein Politiker mit einer Biografie, einer, der Demos nicht nur vom Hörensagen kannte. Die anderen nahmen die militante Vergangenheit Fischers zum Anlass, mit „den Linken" abzu- rechnen, mit ihrer „Neigung zur Gewalt", die, wie die „Welt" erkannte, „nur mit dem Dritten Reich zu vergleichen und deshalb auch mit der entsprechenden Trauerarbeit abzugelten sei." Journalisten und Kamerateams setzten sich erfreut und – wie sonst? – hysterisch auf seine Fährte, denn schließlich langweilt der achtunddreißigste Bericht über Rinderwahnsinn nicht nur das Publikum, auch die Medienleute gähnen. Und die Opposition war auch ganz aufgeregt. Am 21. 2. 2001 sagte der CDU-Politiker Wolfgang Bosbach, mit einem Antrag auf einen Untersuchungsausschuss „sei zu rechnen", und Peter Ramsauer bestätigte am gleichen Tag, der sei „immer unausweichlicher". Wie unausweichlich der Antrag war, erfuhren die Zuschauer zwei Wochen später, am 7. 3. 2001, vom CSU-Landesgruppenchef Michael Glos: Ein Untersuchungsausschuss gegen Bundesaußenminister Joschka Fischer „sei kein Thema." Und nachdem die „Bild"-Zeitung gewohnt zielsicher aus allen Rohren gegen Fischer schoss, kommentierte ihr ehemaliger Chefredakteur, Peter Boehnisch, das Ende der Jagd so: „Fischer war, wie er war, und er ist, wie er heute ist. Heute entscheiden allein seine diplomatischen Ergebnisse und nicht die Bilder aus einer beiderseits gewalttätigen und hasserfüllten Vergangenheit." Wenn nicht nur die Opposition schwankt, sondern auch die „Bild" torkelt, muss sich Deutschland doch fragen: „Ja, wo leben wir denn hier?"

Das Publikum urteilte: Auch ein Außenminister ist nur ein Mensch, und das ist gut so. Und welcher Mensch kann sich noch daran erinnern, mit wem er vor 30 Jahren in einer Wohngemeinschaft kurz am Frühstückstisch saß? Höchstens Verdächtige im „Tatort" verfügen über so ein Elefantengedächtnis. Der Fall Fischer zeigt, dass Ehrpusseligkeit und Perfektion in der Arena nicht honoriert werden – weil sie unsympathisch und unglaubwürdig sind. Das gilt auch für Marken. Die Menschen wollen in der Arena das Allzumenschliche sehen – und erleben, wie sie als Publikum den Daumen heben oder senken. Fischer hat überlebt, weil er dem Publikum das Urteil überließ – und nicht den Medien. Es hat ihn dafür geliebt.

Ruhm ist vergänglich, Namenlosigkeit ist für immer. Kein wirklicher Trost für Namenlose, oder?

In unserer unüberschaubaren Zeit orientieren sich die Menschen an Personen und machen sie so zu öffentlichen Personen. Personen werden zu Modellen für das „richtige" Leben. Personen rücken daher in den Mittelpunkt der Medienberichterstattung. Hypes ohne Personalisierung sind extrem selten. Um dies besser zu verstehen, beschäftigen wir uns jetzt mit dem Phänomen der Prominenz.

Die Gesellschaft, in der wir leben, ist nicht so sehr eine Leistungsgesellschaft, sie ist vielmehr eine Erfolgsgesellschaft. Weniger die wirklich vollbrachte Leistung ist der Maßstab für die Einordnung in soziale Ränge – und die Berichterstattung darüber – als die öffentliche Vermittlung von Erfolg und Image. Erst wenn etwas als Erfolg gewertet wird, hat sich Leistung gelohnt. Vorzeigbare Leistungen sind nur dann relevant, wenn sie das Potenzial zur Prominenz haben. Prominenz und Erfolg gehören zusammen, und Veranstaltungen wie „Big Brother" sind deshalb reizvoll, weil sie dem Menschen den Eindruck vermitteln, er könne prominent und erfolgreich sein, ohne eine andere Leistung zu erbringen, als sich dem Voyeurismus des Publikums auszusetzen.

Aber der Normalfall läuft anders. Dem Erfolg des Prominenten liegt in der Regel eine irgendwie geartete persönliche Leistung zugrunde, die auf öffentliche Anerkennung stößt und somit seine Prominenz begründet. Welche Leistungen von mehr oder weniger Erfolg gekrönt sind, ist dabei abhängig von gesellschaftlichen Normen und Werten, also den kulturellen Bedingungen. Aus dieser Perspektive ist allen Prominenten ein so genanntes Hintergrundkapital zuzuschreiben, über das in der Öffentlichkeit ein Konsens hergestellt werden muss: Alle müssen glauben, dass der Prominente etwas Besonderes ist oder kann. Persönliche Prominenz stellt sich in der Regel ein, wenn eine Person mit einem Thema verknüpft wird.

Dreh- und Angelpunkt sind hierbei die Medien, ihnen kommt eine wesentliche Gestaltungsmacht bei der Entstehung von Prominenz zu. Die Art und Weise, wie die Medien arbeiten, hat mit ihrem eigenen Rollenverständnis zu tun. Konservativ gesehen ist die Rolle der Medien die der Vermittlung. Sie nehmen die Informationen aus unterschiedlichen Bereichen auf, selektieren sie, bereiten sie auf und geben sie an das Publikum weiter. Vermittlung allein reicht den Medien im Kampf um Einschaltquoten heute allerdings nicht mehr aus. Sie brauen die „Informationen", die sie weitergeben, inzwischen auch im eigenen Labor. So hat RTL2 in der Öffentlichkeit und mit der Öffentlichkeit die Girlgroup „No Angels" gebastelt. Die Mädchen sangen sich erfolgreich auf Platz 1 der Single-, Album- und Airplaycharts. Und das in Deutschland, Österreich und der Schweiz – RTL zog dafür alle Register. Die Entscheidung über die Aufmachung und Präsentation oder Produktion von Informationen liegt allein bei den Medien, ist aber abhängig vom antizipierten Publikumsgeschmack. Denn schließlich muss das Publikum für die Mediennutzung zahlen. Prominenz entsteht daher vor allem dort, wo Personen und Medien die Chance sehen, das Interesse des Publikums zu wecken.

Traditionell ist Prominenz das Incentive für Personen, deren Karrieren nach gutbürgerlichen Maßstäben eher unattraktiv sind. Vor allem natürlich Künstler, dann Sportler, aber auch Wissenschaftler. Vor allem für Künstler war und ist Prominenz unmittelbar mit der Möglichkeit verbunden, Geld zu verdienen. Sie stellen mit Sportlern heute den größten Teil an Prominenten dar und können davon gut leben.

Den zweitgrößten Anteil der Prominenten stellen die Politiker. Hier geht es weniger um Geld, sondern um Macht. Zwar ist das Funktionieren von Politik nicht prinzipiell an die Bekanntheit der agierenden Personen geknüpft, jedoch stellt die Prominenz der Protagonisten zu Wahlkampfzeiten ein wichtiges Gut dar. Die Analysen zeigen, dass sich im politischen Wahlkampf kaum noch die Programme bewähren, sondern nur noch Gesichter. Wichtiger als selbst die denkbar höchste reale Kompetenz ist der Bekanntheitsgrad, und schlimmer als jede Kritik ist der Vermerk: nicht bekannt, nicht medientauglich. Politiker in einflussreichen Positionen haben jedoch nicht nur Zugang zu den Medien, sondern auch Kontrollmöglichkeiten über die Medien, vor allem über die öffentlich-rechtlichen Anstalten. Schließlich sind die Aufsichtsratsgremien des Rundfunks überwiegend mit Spitzenpolitikern, Funktionären und Lobbyisten besetzt. Damit deuten sich weitere direkte oder indirekte Einwirkungsmöglichkeiten auf die Programmgestaltung und Berichterstattung der Medien über Personen an.

Aber wie schon gesagt, im Gegensatz zu früher braucht man heute oft nicht mehr eine besondere Fähigkeit im Sinne von Leistung, Beruf oder Tätigkeit, um prominent zu werden, siehe Jenny Elvers und Verona Feldbusch. An der Nahtstelle zwischen privat und öffentlich sowie zwischen Volk und Elite entsteht die Chance, sich selbst wirkungsvoll zu Markte zu tragen und prominent zu werden. Du brauchst ein wenig Talent, eine gute Story und eine Menge Geld und Unterstützung, um wirklich prominent zu werden. Ob ein regelmäßiger Input an die Medien geliefert werden kann, hängt ganz entscheidend davon ab, ob Vermittlungsinstanzen (Promotoren, Agen-

turen, Veranstalter) existieren und mit welchen Ressourcen diese ausgestattet sind. Sie strukturieren den Input, nehmen die erste Selektion
vor und somit eine Art „Gate-keeper"-Funktion ein. Dass man mit
Prominenz auch dann viel Geld verdienen kann, wenn man kein
Künstler ist, zeigen die Sportler populärer Sportarten. Sie werden zu
Marken, die eigene Kollektionen oder andere Marken vertreiben. Ihre
persönliche Glaubwürdigkeit und Authentizität wird zum Beweis der
Originalität und Echtheit all der Fabrikware, für die sich sonst niemand interessieren würde. Sie sind zusammen mit ihrem Fanpublikum
mitunter in der Lage, weltweite Trends zu setzen. Daher beschäftigt
sich inzwischen eine ganze Industrie damit, Stars und Champions
öffentlichkeitswirksam in Szene zu setzen – und wehe, wenn der Nach-
schub an frischem Fleisch ausbleibt! Das Ausmaß finanzieller oder
personeller Ressourcen beeinflusst daher die Zugangschancen zu den
Medien. Im Sport kommt vor allem Sponsoren eine bedeutende Funktion zu. Sie sind mitverantwortlich für die Ausstattung der Turniere,
die Höhe der Preisgelder et cetera und definieren damit auch den
Stellenwert des ausgetragenen Wettkampfes, was wiederum für die
Medienvermittlung von Bedeutung ist.

Aber wann interessieren sich die Medien für einen Leistungsträger
und machen daraus einen erfolgreichen Prominenten? Was brauchen
sie, um Stoff für Berichterstattung zu haben? Das Zauberwort heißt
hier: Nachrichtenwertfaktor. Er spielt für die Entstehung von Prominenz und die Auswahl der zu vermittelnden Personen eine entscheidende Rolle. Der Nachrichtenwertfaktor hilft den Journalisten bei der
notwendigen Selektion, und da gilt die Gleichung: Je größer der Nach-
richtenwert, desto größer die Chance, dass die Meldung – unter der
Vielzahl von Alternativen und bei grundsätzlich begrenzter Aufmerksamkeit der Medien – berücksichtigt und veröffentlicht wird. Folgende
Einzelfaktoren für den Nachrichtenwertfaktor werden unterschieden:

- räumliche, politische, wirtschaftliche und kulturelle Nähe
- Status der Ereignisregion oder Ereignisnation
- institutioneller und persönlicher Einfluss

- Prominenz
- Personalisierung
- Kontroverse und Aggression
- Demonstration
- Überraschung
- Reichweite
- tatsächlicher und möglicher Nutzen/Erfolg bzw. Schaden/Misserfolg
- Zusammenhang mit Themen
- Etablierung der Themen und Faktizität

Diese Nachrichtenwertfaktoren gelten gleichermaßen für Presse, Funk und Fernsehen, wobei sich für alle Medien die Prominenz als einer der wichtigsten Faktoren erweist: Zum einen nimmt er Einfluss auf den Umfang der Meldung, vor allem aber bestimmt er wesentlich die Platzierung. Dient der Prominentenstatus den Medienakteuren als ein Selektionskriterium, so wird auf diesem Weg die Bekanntheit einer Person potenziert. In dem Augenblick, in dem eine Person bereits mehrfach massenmediale Aufmerksamkeit gefunden hat, ist sie bereits Teil der Prominenz und wird aufgrund dieser Eigenschaft weiterhin bevorzugt vermittelt: Wer heute in einem Kanal eine Sendung moderiert, taucht morgen in einem anderen Kanal als Talkgast auf, um übermorgen im Werbeblock präsent zu sein. Bei der Entstehung von Prominenz beißt sich die Katze in den Schwanz, Prominenz schafft mehr Prominenz.

Wie man es auch dreht und wendet: Vom Phänomen der Prominenz kann man viel darüber lernen, wie die Medienarenen funktionieren. Wer möchte, dass sich die Öffentlichkeit mit einem Thema beschäftigt, der muss dem Thema ein Gesicht geben, denn unabhängig von den zu vermittelnden Inhalten sind Köpfe eher gefragt als Institutionen, werden personalisierte Inhalte den abstrakten vorgezogen. Und wenn es kein Gesicht zu einem Thema gibt, dann suchen sich die Medien welche. Und der höchste Grad an Personalisierung liegt vor, wenn sich das berichtete Geschehen ausschließlich um bestimmte, namentlich bekannte Personen dreht. Die Kenntnisse dieser Medienmechanismen können sowohl zur geschickten Lancierung von Themen wie von Akteuren eingesetzt werden. Indem Akteure ihr Handeln entlang der Nachrichtenwertfaktoren ausrichten, erhöhen sie ihre Chancen, massenmediale Präsenz zu erlangen.

Das Erfolgsgeheimnis von Prominenz: Menschen lieben Personen, nicht Leistungen oder Sachen. Dies verführt so manchen Werbetreibenden dazu, seine Marke mit Prominenten zu schmücken, um selber öffentliche Aufmerksamkeit zu erlangen. Z. B. mit Hilfe von Frau Feldbusch, die prominent ist, weil sie es erfolgreich schafft, trotz Quietschestimme im TV permanent präsent zu sein, was ihre eigentliche Leistung ist. Frau Feldbusch ist ein Phänomen, das es mangels Masse auf dem weiblichen Promi-Markt zur Marke gebracht hat. Dabei nutzte sie ein paar strategische Erfolgsgrundsätze des Campaignings:

- Konzentration der Kräfte
- Aufbau der bestehenden Stärken
- Abstimmung von Zielen und Mitteln
- Beharrlichkeit in der Strategieverfolgung
- richtiges Timing
- Ausnutzung von Synergien und Multiplikationseffekten
- Profilierung und Differenzierung
- in Szenarien denken

Zur Zeit ist Verona Feldbusch die beliebteste Werbefigur – noch vor Thomas Gottschalk und Boris Becker, dem dreimaligen Wimbledonsieger und siebzehnjährigsten Leimener aller Zeiten. Verona Feldbusch brachte Marken wie „Expo 2000" in die Öffentlichkeit, „Iglo", „Telekom", „Telegate" und „Schwartau". Und von Mal zu Mal wurde sie teurer, aber auch von Mal zu Mal schwächer: Nach einer Imas-Umfrage verbanden zwar immerhin 30 Prozent der Befragten die Marke Feldbusch mit der „Expo" und immerhin 13 Prozent mit Tiefkühlspinat, doch an „Telegate" konnten sich nur zwei Prozent erinnern. Verona Feldbusch in der Werbung ist der hilflose Versuch, die Prominenz einer Person zu nutzen, um im Fahrwasser der erhofften Aufmerksamkeit seine Botschaft unterzubringen. Das geht manchmal gut, meistens ist es aber genau so peinlich wie die Umarmungen, die sich die Radfahrer des Team Telekom durch den Verteidigungsminister gefallen lassen müssen. Die Öffentlichkeit hat eine relativ klare Vorstellung über Eigenschaften und Wesensarten der VIPs. Wenn also zwei Marken aufeinander treffen, müssen sie im Meinungsbild der Öffentlichkeit zusammenpassen. Deshalb kann sich eine Marke die Prominenz von Personen nur bedingt nutzbar machen. Für Marken, die eine starke Identität haben, ist eine Verbindung mit hohler Prominenz gefährlich und für schwache Marken nutzlos. Die Spots mit Verona haben vor allem Verona prominenter gemacht!

Campaigning: Lernen von den Hypes!

Wie kann sich eine Marke, ein Unternehmen, ein Thema zwischen all den Stars und Sternchen, den Skandälchen und den Hypes behaupten? Integrierte Kommunikation wird da oft als Zauberwort genannt, und obwohl dieses Wort seit zehn Jahren durch die Branche geistert, ist der Begriff doch immer noch seltsam verschwommen. Daher ist hier der Ort, sich die Realität mal näher anzuschauen.

Vor allem bei den Networks fehlt in keiner Neugeschäfts-Credential das Chart, mit dem die Fähigkeit integrierter Kommunikation dargestellt wird, in der Regel als Kreis, in dem die Partneragenturen der einzelnen Disziplinen abgebildet sind: Werbung, PR, Corporate Design, Direktmarketing, Internet – nichts fehlt, alles ist dabei. Doch es ist ein Irrtum anzunehmen, dabei haben ist alles. Denn wie viel die einzelnen Abteilungen miteinander zu tun haben, zeigt schon das bunte Potpourri unterschiedlicher Logos, die nicht zueinander passen. Wie sollten sie auch? Sind es doch meist Spezial-Agenturen, die irgendwann gekauft wurden und innerhalb eines Networks völlig unabhängig voneinander geführt werden und agieren. Diejenige Disziplin, welche die Lead-funktion beim Kunden übernimmt, gibt auch die Strategie vor.

So entstehen beispielsweise PR-Konzeptionen mit bunten Bildern oder Werbekampagnen mit angeklebten Pressetexten. Aber hilft das dem Kunden? Sicherlich nicht, wenn man integrierte Kommunikation nur probt und sich damit begnügt, Pressemitteilungen mit Aktionslogos anzureichern oder für den neuen Produktlaunch ein paar Pressevertreter einlädt. Es ist zwar schon mehr, als nur den Deckenhänger der Händlerpromotion gestalterisch der Doppelseite im „Stern" anzugleichen. Aber als integrierte Kommunikation kann so etwas nicht zählen, höchstens als addierte Kommunikation. Auf jeden Fall hat man den guten Willen demonstriert und die Kommunikationswirkung ein bisschen erhöht. Nur leider zu wenig. Der Wettkampf gegen die wachsende Informationsflut und einzelne Megathemen geht verloren, mit dem Ergebnis: immer weniger Leistung für mehr Geld. Doch um effektiv und effizient die Kommunikationsleistung zu erhöhen, müssen neue Wege gefunden werden. Wir müssen nicht nur die Dauer der Auseinandersetzung mit einer Botschaft erhöhen, sondern auch die Intensität. Aber vor allem müssen wir die Bedeutung der Botschaft verstärken.

Wenn wir uns die Hypes in den Arenen genauer anschauen, entdecken wir, dass im Zentrum Akteure stehen. Man denke nur an Beckers Ehekrieg, Schumachers Bruderduell oder Fischers Wandlung. Alles große Geschichten. Sie haben große Bilder. Sie haben einen starken Plot. Sie folgen im besten Fall einer klassischen Dramaturgie: Komische oder tragische Helden bevölkern die Szene, Gut kämpft gegen Böse, und am Ende kommt es zur Läuterung aller. Die Hypes erzählen viele Geschichten und haben viele Erzähler. Individuelle und öffentliche Betroffenheit schaukeln sich gegenseitig hoch. Diese großen Themen folgen nicht der Disziplinlogik der Werbung oder PR, sie nutzen jedoch sehr wohl deren jeweilige Fähigkeiten. Die Kreativität von manchem Bildaufmacher zum Thema BSE dürfte eine ADC-Medaille wert sein. Und vor der Prozesskompetenz der „Big Brother"-Vermarktung wird so mancher PR- und Marketing-Profi vor Begeisterung in die Hände klatschen.

Denn hier findet die zwanglose Verbindung von Erfahrungen der politischen Kommunikation mit denen der Markenkommunikation statt. Um Missverständnissen vorzubeugen: Es geht beim Campaigning nicht um die blinde Erzeugung von Medienhypes, die die Hysterie noch toppen. Es geht bei Campaigning um die professionelle Nutzung der beschriebenen Mechanismen.

Am Anfang steht die Diagnose eines Kommunikationsproblems, und zwar unabhängig von der Disziplinlogik. Campaigning berücksichtigt die divergierenden Interessen im öffentlichen Raum und versucht zugleich, die eigenen Botschaften in der Informationsflut pointiert rüberzubringen. Eigene Themen werden positioniert, bestehende Themen werden aufgenommen und für die Vermittlung der eigenen Botschaft genutzt. Dabei ist es wichtig zu verstehen, welchen Beitrag die einzelnen Disziplinen zur Kommunikation leisten können. Schließlich gilt aber auch für Campaigning: Im Zentrum muss eine große Idee stehen. Alles Illusion? Nein, denn solche Themen konnten im letzten Jahr Vodafone durch die Übernahme von Mannesmann und die Post mit ihrem Börsengang setzen und kommunikativ beispielhaft managen. Beiden ist es gelungen, ihr Thema im Wechselspiel individueller Bedürfnisse und öffentlicher Auseinandersetzung voll zu entfalten. Um dieses zu erreichen, müssen die Wirkmechanismen klassischer Werbung und klassischer PR verbunden werden.

PR versteht Kommunikation als soziologisches und publizistisches Phänomen. Ziel der Werbung ist die individuelle Ansprache über Massenmedien mit dem Ziel, eine Handlung auszulösen. Man soll kaufen, spenden, das Kreuz an der richtigen Stelle machen – und gut soll man sich dabei fühlen. Botschaften werden unter der Berücksichtigung psychologischer Parameter gestaltet. Anders gesagt: Die Werbung achtet genau darauf, wo sie die Menschen psychologisch abholt. Die besondere Kompetenz der Werbung ist die Verdichtung von Botschaften, komplexe Geschichten werden zu einem Brühwürfel eingekocht: Sprachlich und visuell muss der Inhalt in Sekunden vermittelt werden.

Campaigning steht für die Integration von Kreation und kommunikativer Steuerungs- und Prozesskompetenz, von Agenda-Setting und Emotionalität. Dies umfasst die Fähigkeit zur richtigen Intervention im öffentlichen Raum genauso wie das Wissen, wann man wo mit welcher Dosierung und welcher Temperatur Botschaften vorgibt oder auf Botschaften antwortet. Wann man Gas gibt oder einen Schritt zurücktritt. Immer überraschend, punktgenau gegart und schmackhaft präsentiert. Also: Themen schaffen, Themen besetzen, Themen öffentlich machen und öffentlich wirksame Themen individuell relevant machen und umgekehrt. Kreativität heißt: die Chancen erkennen, sie zu einer hieb- und stichfesten Geschichte verdichten und diese Geschichte dann überraschend, aufmerksamkeitsstark und unterhaltsam umzusetzen.

„Ja, wo leben wir denn hier?" Wir leben in einer Zeit, in der Campaigning in unserer hysterischen Medienlandschaft für Klarheit sorgen kann. Aber auch das nur, wenn man seine Grenzen kennt und das Motto beherzigt: „Oh Lord, my boat is so small and the sea is so great."

Kapitel III:
Public Brands: die Marke als öffentlicher Akteur

Die Marke ist „die einzige Wertschöpfungs-Quelle eines Unternehmens", sagt Leopold Springinsfeld, Lehrbeauftragter für Marketing und Markentechnik an der Wirtschaftsuniversität Wien. Denn ohne die Einnahmequelle „Marke" entstehen in einem Unternehmen nur Kosten. Springinsfeld verabschiedet sich von dem von ihm geprägten Begriff „Profit Center", weil er sagt, dass es in einem Unternehmen nur „Kostenzentren" gibt, die erst dann Gewinne machen, wenn ein Kunde das Produkt oder die Dienstleistung gekauft und bezahlt hat. Und die wesentliche Verkaufsleistung erbringt nun mal die Marke. Mit dieser radikalen Sicht rückt Springinsfeld die Marke ins Zentrum der unternehmerischen Aktivitäten, dem sich alle anderen Aspekte unterzuordnen haben. Die Marke ist nicht bloßes Hilfsmittel zum Absatz der Produkte, sondern die Marke ist die eigentliche Gestalt der Produkte und Dienstleistungen.

Prominente Beispiele für die konsequente Umsetzung dieser Sichtweise sind Marken wie Red Bull, Virgin oder Nike. Um eine starke Marke als Kern wird ein mehr oder weniger lockeres Wertschöpfungsnetzwerk von Partnern aus Logistik, Vertrieb, Produktion etc. geknüpft. Mit einem Wort: Das Unternehmen hinter der Marke versteht sich im Kern als Besitzer und Manager von Markenrechten und konzentriert sich damit auf die Aktivitäten mit höchster Wertschöpfung. Ein solches Unternehmen gewinnt an Flexibilität und Geschwindigkeit und kann seine Aktivitäten total an einer rein marktgetriebenen Führung der Marke ausrichten. Aber was ist der Markt? Der Markt ist das Potenzial der Käufer der Marke. Die Marke hat die Funktion, die Käufer zu binden. Die Markenführung konzentrierte sich dazu bis vor wenigen Jahren darauf, bestehende Bedürfnisse zu analysieren und zu bedienen. Mit den neuen Marken geht der Trend dahin, Angebote für neue situative Lebensstile zu schaffen. Eine Marke, die nicht produktions- und vertriebstechnisch definiert ist, macht sich zum Spiegel und zum Ideengeber dieser Käufer. D. h., sie bietet ihm Heimat für den eigenen Stil oder schafft Heimat für den von ihr gesetzten Stil. In der Regel verläuft das so, dass sich eine Marke mit einer Subkultur identifiziert. Sie adaptiert dabei Herkunft, Authentizität und einen „Style" und nutzt die eigenen Kommunikations- und Vertriebsressourcen, um diesen „Style" zu verbreiten, mehrheitsfähig zu machen. Der Subkulturstil wird in der Breite alltagstauglich, d. h., so konsumierbar gemacht, ohne dass für den Konsumenten eine wirkliche Veränderung des Alltags notwendig ist. Gebrandet wird dann nicht mehr das Produkt allein, gebrandet werden Lebensstile. Durch die Marke bekommen sie eine Gestalt, die Markenzeichen werden zu Symbolen von temporären Glaubensgemeinschaften: Wir nähern uns der Religion.

Der Schritt von hier zu unserer These, dass Marken sich als öffentliche Akteure verstehen sollen, ist nicht weiter als der von der Straße in den Nike-Store. So weit, so gut.

Die Radikalisierung des Marketing trifft jedoch inzwischen auf ernst zu nehmenden Widerstand. Gerade den unverblümten, totalen Anspruch eines solchen Branding nutzen Kritiker als Ansatzpunkt für einen ebenso fundamentalen Gegenangriff. Bekannteste Kritikerin des „Branding" ist Naomi Klein, deren Buch „No Logo!" zum Frontalangriff auf den „geistigen und ökonomischen Imperialismus" der globalen Marken aufruft. Der Nachhall, den ihr Buch in der Öffentlichkeit ausgelöst hat, zeigt, wie sehr das Publikum die dort vorgestellte Sichtweise teilt. Die Vertriebswege der Markenkritik folgen den Vertriebswegen der Marken. Auch wenn die Kritikerin als Autorin eines Welterfolges dann selber zur Profiteurin der Globalisierung von Medien und Märkten wird, wie sie irritiert einräumt, bleibt ihre Kritik wirksam.

Im globalen Mediensystem hat alles mit allem zu tun, jeder setzt sich in Beziehung zu jedem, und Glaubwürdigkeit ist das wichtigste Kapital, aber auch der neuralgische Punkt für Marken und ihre Kritiker. Nichts lässt sich schwerer herstellen und leichter zerstören. Je relevanter das psychologische Leistungsversprechen der Marke ist, desto sensibler wird der Verbraucher auf eine Verfehlung reagieren, desto verletzlicher wird die Marke an diesem Punkt. Paradoxerweise kann eine starke und glaubwürdige Marke durch eine Irritation ihrer Glaubwürdigkeit an Markenwert gewinnen, wenn sie vermochte, aus dem gewohnten Selbstverständnis heraus die Irritation zu beseitigen. Mercedes lieferte nach dem so genannten „Elchtest" mit der A-Klasse dafür ein eindrucksvolles Beispiel. Warum das so ist? Weil sie als Akteur lebendig, „menschlich" wurde.

Die Aufmerksamkeit der Medien ist jedenfalls inzwischen auf die entsprechenden Konflikte programmiert. Weil Marken wie Akteure wirken, können sie auch wunderbar durch die Arena gehetzt werden. So haben z.B. Aktivisten die Megamarke Nike in einen permanenten Kleinkrieg verwickelt, der inzwischen massive Dimensionen angenommen hat und sich weltweiter Aufmerksamkeit erfreut. Diesen Aktivisten ist es gelungen, die zentralen Elemente des Nike-Marketing gegen die Marke zu wenden und sie im Kern anzugreifen, indem sie Widersprüche zwischen den Werthaltungen der Zielgruppen und dem Verhalten der Marke aufzeigen. Dazu drei Beispiele:

- Sportler als Testimonials sind ein zentrales Element der Nike-Kommunikation. Galionsfigur ist Mike Jordan. Als am Rande der Leichtathletik-WM 2001 auf einer von Nike ausgerichteten Pressekonferenz Fragen zum Thema Doping aufkamen, wurden sie abgewürgt. Mit der Folge, dass die Medien darüber berichteten. Die Geschichte: Nike versucht offensiv die Rechte der Öffentlichkeit zu beschneiden.

- Das Nike-Image zeigt die schwarze Subkultur der amerikanischen Großstädte und stilisiert die benachteiligen Jugendlichen in Harlem zu Heroes. Aktivisten ist es nun gelungen, die Kids zu medienwirksamen Protestaktionen gegen die Produktion von Nike-Schuhen durch schlecht bezahlte Arbeitskräfte in den so genannten „Sweatshops" der Schwellenländer zu mobilisieren. So entsteht eine globalisierte Solidarität zwischen Benachteiligten, deren Medium die Marke ist. Motto: Ist es wirklich cool, in Schuhen herumzulaufen, die durch gemeinste Ausbeutung produziert werden und nur dem Hersteller wahnsinnige Gewinne verschaffen? Mit dem Schritt, die Schuhe von unterbezahlten Arbeitskräften herstellen zu lassen, fühlten sich die Helden der Subkultur von der Marke benutzt und missbraucht.

– Am besten bringt aber folgendes Beispiel die Situation auf den Punkt: Nike bietet einen Schuh an, den der Käufer durch Nike individuell besticken lassen kann und ihn damit sozusagen zur individuellen Marke macht. So die schöne Marketingtheorie. Ein Käufer wollte sich den Begriff „Sweatshop" aufsticken lassen. Nike weigerte sich. Der Käufer klagte. Nike bekam Recht, weil die Markenrechte bei Nike liegen. Aber der Käufer war ein Aktivist und bekam weltweite Aufmerksamkeit für seine Provokation: eine öffentliche Demonstration der Markenverachtung mit Hilfe der Marke.

Wir haben von diesem letzten Vorgang aus einer Glosse im Handelsblatt erfahren, das nun wahrlich nicht wirtschaftsfeindlich ist. Und im Internet ist das Scharmützel natürlich vielfach dokumentiert. Es breitet sich offensichtlich bei vielen Menschen das Gefühl aus, dass Marken in unangemessener Weise die Öffentlichkeit dominieren und sich quasi parasitär verhalten. Und spätestens dieser Umstand sollte die Mechanismen der „Öffentlichkeit" zu einer zentralen Frage im Marketing machen. Starke Marken werden zu öffentlichen Akteuren – ob sie wollen oder nicht. Wenn sie ihre Kommunikationspolitik nicht entsprechend steuern, werden sie die Herrschaft über die Markenführung verlieren. Wer glaubt also noch, dass die Proteste in Seattle und Genua nichts mit Margarine, der neuen Kollektion, dem neuen Auto oder dem neuen Dachfonds zu tun haben? Die Menschen sind sich des Beitrages zur Schaffung der Markenwerte durch ihre Aufmerksamkeit, Anteilnahme und Nutzung immer mehr bewusst. Seattle und Genua zeigen, dass sich immer mehr der Globalisierungsmaschine entziehen wollen, und beziehen dies auch auf Marken. Eine Marke kann im Internetzeitalter nichts mehr verbergen. Ob sie will oder nicht, sie steht als Akteur in der öffentlichen Arena. Die Marken müssen damit umgehen.

Die Marke im Container

Zum Glück geht's im Marketing nicht immer um akute kommunikative Krisen. Schauen wir uns also die Situation der Markenkommunikation näher an. Um es vorab zu sagen: Es geht ihr nicht gut! Die klassische Markenkommunikation sieht sich nicht nur der Bedrohung durch Kritiker gegenüber, sondern ihr droht quasi eine Implosion, sie leidet an ihrer zunehmenden Wirkungslosigkeit. Vier Thesen zur Krise der Markenkommunikation:

1. Markenkommunikation wird zu teuer!

Viele eingeführte und erfolgreiche Marken sind nicht mehr in der Lage, den wachsenden Aufwand für die Kommunikation und eine angemessene Rendite zu erwirtschaften. Zehn Millionen Mark Jahresbudget reichen heute für einen Markenartikel eben nicht mehr aus, und dreißig Millionen sind kein großes Budget mehr.

2. Markenkommunikation lässt sich immer schlechter planen!

Zunehmend beklagen sich die Mediaplaner in den Fachmedien, die TV-Sender böten keine Planungssicherheit mehr. Die Comedy-Welle ebbt ab. Die Formate wechseln immer schneller. Gerade haben wir uns an „Big Brother" gewöhnt – da fragt man sich schon, was als Nächstes kommt, ganz abgesehen von der Frage, welche Marken in einem solchen Umfeld wirklich beworben sein sollten. Die Ratlosigkeit der Programmmacher spiegelt eine zunehmende innere Distanz des Publikums zu den Medien wider. Wie geht man mit der Volatilität zwischen Hypes und Flops um? Wie müssen Kampagnen beschaffen sein, damit sie flexibler planbar sind?

3. Markenkommunikation ist unglaubwürdig!

Starke Marken sind autoritär, sind perfekt, ziehen den Menschen zu sich hoch, wenn er sie kauft. In ihrem Bemühen, immer mehr zu versprechen, bis hin zu wirklichen gesellschaftlichen Werten lösen sie Reaktanzen aus. Sie sagen „Vertrauen ist der Anfang von allem", und das Publikum hört „Vorsicht, glaub hier kein Wort!". Sind Selbstbeweihräucherung und autoritäre Wertsetzung in Zeiten von Harald Schmidt und Brioni-Kanzler wirklich noch ein überzeugendes Konzept? Wenn die Autorität nur noch mit der Erhöhung des Mediavolumens erzeugt werden kann, wird sie jedenfalls hohl und auf Dauer unbezahlbar. Eine solche Markenkommunikation ist eben keine Kommunikation, sondern Proklamation. Und sie beschädigt die Glaubwürdigkeit der Marke. Gibt es für die Marke keine anderen Rollenkonzepte in der Kommunikation?

4. Markenkommunikation dringt nicht mehr durch!

Das ist zunächst die Resultante der ersten drei Punkte. Wir haben die Zahlen eingangs genannt: Zum Jahrtausendwechsel wuchs die Zahl der im Fernsehen beworbenen Marken auf etwa 5.500! Werbung steht sich vor allem selbst im Weg, wenn es darum geht, Aufmerksamkeit beim Publikum zu erregen. Reizüberflutung ist jedoch nur ein Faktor. Weitere Umfeldbedingungen verschärfen die Problematik. Massenkommunikation dringt allgemein immer schwerer durch – obwohl sie immer noch eine zentrale Funktion hat. Der tägliche Anteil an medialen Billigartikeln nimmt zu. Dadurch wird die zentrale Rolle der vierten Gewalt geschwächt. Auf dem Rummelplatz verliert das bedeutungsvolle Wort an Gewicht. „Ihr ödet uns alle an", schimpfte Hans Magnus Enzensberger in der FAZ angesichts der selbstbezüglichen Debatten über Fischers Vergangenheit und Merkels Plakate. Ein Urteil, dem sich auch weniger sensible Gemüter in Hinblick auf „Samenraub" und „Jennys Baby" anschließen dürften. Wie soll die Marke in der Flut von Reizen und banalen Medieninhalten noch zum Konsumenten durchdringen und einen Mehrwert für seinen Lebensalltag bringen?

Um die vier beschriebenen Probleme in neue Chancen zu verwandeln, muss man akzeptieren, dass sich die kommunikative Funktion von Medien verändert hat. Immer weniger lassen sie sich als reine Transportmittel von (Werbe-)Botschaften erklären, immer mehr werden sie zu Arenen für die Inszenierung von „Akteuren". Dazu hat übrigens die Orientierung an Lifestyles, die ja bei den Werbetreibenden ein beliebtes Mittel ist, Wesentliches beigetragen. Und so konkurriert jede Marke mit Jenny Elvers und Boris Becker, Zlatko und dem Spendensumpf. Und plötzlich steht die Marke im Container. Und die gängigen Strategien und Instrumente der Markenkommunikation sind quantitativ und qualitativ dieser Situation nicht angemessen.

Die Tragweite dieser Analyse wird deutlich, wenn man sich klarmacht, dass klassische Werbung sich in Konzeption und Planung bislang an der individuellen Rezeption innerhalb ihrer Zielgruppen orientiert. Die Kampagnentests abstrahieren vom medialen Umfeld. Dies führt zu einer idealisierten Vorstellung von Aufmerksamkeit und möglichem Involvement bei der Entwicklung der Kampagnen. Den nicht evaluierten Rest soll die Qualität der Kreativität richten – und das Mediabudget. Die ohnehin schon limitierte Laborsituation der Tests erweist sich unter den neuen Rahmenbedingungen als unzureichend.

Die Phänomene „Jenny Elvers" und „Zlatko" verweisen auf die schon oben beschriebenen neuen Wahrnehmungsweisen: Die saubere Trennung von öffentlicher und privater Sphäre löst sich auf. Die Medien dringen in die Privatsphäre ein und machen sich gemein mit dem Normalen. Dadurch verlieren sie an normsetzender Kraft und auch an der Fähigkeit, die Entscheidungen der Verbraucher für Marken zu beeinflussen. Für die Markenkommunikation besteht also Anlass, über eine völlig neue Ausgangslage ihres Tuns nachzudenken. Sie muss künftig drei Dimensionen der Entscheidungsfindung beim Konsumenten berücksichtigen: Der Konsument wird individuell angeregt durch einen Spot, gleicht sich ab mit seinem sozialen Umfeld und sucht schließlich noch die Bestätigung durch eine für ihn relevante öffentliche Meinung.

Markenkommunikation darf die Trennung von „Öffentlichem" und „Privatem" nicht weiter voraussetzen. Sie muss die Dynamik und die Energie der öffentlichen Kommunikationsprozesse verstehen und nutzen. Denn wer in den Arenen erfolgreich agiert, kann wieder Punkte machen in Hinblick auf Aufmerksamkeit, Glaubwürdigkeit und Involvement beim Publikum. Um dort zu bestehen, muss die Marke sich als „Akteur" verstehen, der die Interaktion mit den Themen und Ereignissen in der Arena aufnimmt. Damit tritt die Marke in eine qualitativ neue Beziehung zum Publikum. Aber kann sie das? Wo findet das Marketing einen Anknüpfungspunkt im Verständnis der Marke? Was ist im öffentlichen Zusammenhang eigentlich dieses Ding, diese „Marke"?

Die öffentliche Gestalt der Marke

Hans Domizlaff, der Begründer der Markentechnik, beantwortete die Frage, was eine Marke ausmacht, Mitte der 60er Jahre noch so: Die Marke entstehe nicht im Labor, nicht am Zeichenbrett, nicht im Unternehmen, nicht im Kopf eines Produktmanagers und nicht in Werbeagenturen. Sondern im „Massenhirn". Die Marke ist für ihn ausschließlich ein „Erzeugnis der Massenseele". In der Konsequenz wird die Masse als Objekt zum Ziel der Markenmissionierung. Eine Perspektive, in der man den neueren Phänomenen ausgeliefert bleibt.

Aber die Theorie der Marken hat sich weiterentwickelt. Bedeutende Markentheoretiker verstehen die Marke heute als „Gestaltsystem". Sie sagen, dass die Menschen und ihr Handeln getrieben werden von Gestaltzusammenhängen, die sich in ihren Vorstellungen zusammensetzen. Gestaltsysteme sind Familien und Firmen, Völker, Staaten und Religionen. Was unter Gestalt zu verstehen ist, hat schon Goethe überzeugend definiert: „Der Deutsche hat für den Komplex des Daseins eines wirklichen Wesens das Wort Gestalt. Er abstrahiert bei diesem Ausdruck von dem Beweglichen, er nimmt an, dass ein Zusammengehöriges festgestellt, abgeschlossen und in seinem Charakter fixiert wird." Die Marke als Gestaltsystem – so die Markentheorie – beruht auf einer

Idee, die unter Einsatz vielfältiger Produktions-, Vertriebs- und Kommunikationsanstrengungen in den Köpfen des Publikums verankert wird: als dauerhaftes, identifizierbares, wirkliches Wesen, wie Goethe definierte. Die Marke als Gestaltsystem zu verstehen ist richtig und wegweisend. Diese Vorstellung ermöglicht es, die Planung von Aktivitäten, den Einsatz von Kommunikationsinstrumenten und die Entwicklung von Ideen ganzheitlich aufeinander zu beziehen. Die Pointe dabei aus unserer Sicht: Die Gestalt der Marke wird wesentlich beeinflusst durch die Prozesse in den öffentlichen Arenen. Wer die Prozesse dort versteht und adaptiert, kann die Markengestalt so definieren, dass sie sich bei allen Veränderungen immer selbst treu bleibt. Sie wird dann zu einem öffentlichen Akteur, der durch Gesicht und Verhalten identifizierbar ist. Dazu muss ich wissen: Wo stehe ich mit meiner Brand Equity in der Arena – mittendrin oder am Rand? Wer singt das gleiche Lied mit einer anderen Marke? Welche Markenversprechen konkurrieren, welche lassen sich diametral auf mein eigenes beziehen? Stehe ich am Anfang oder am Ende einer La-Ola-Welle? Welche Temperatur kann ich mit meinem Versprechen erreichen? Ist mein Versprechen dramaturgiefähig, oder verglüht es sofort? Ist mein Publikum gerade aufmerksam, oder macht es Pause?

Man muss heute also weiter denken als Domizlaff, denn nicht die Massenseele ist für das Wohl einer Marke entscheidend, sondern die öffentliche Meinung. Die öffentliche Meinung aber ist keine feste Größe, die öffentliche Meinung lebt. Sie entsteht in einer realen Außenwelt aus Widersprüchen und Reibungen in Bewusstsein und Sprache. Deshalb muss auch die Marke in Bewegung bleiben und sich in der Öffentlichkeit bewähren. Wie kann die Marke also ihr Potenzial zur Entfaltung bringen und nachhaltig nutzen? Nur dann wenn die Markenkommunikation sich nicht darauf beschränkt, die Kommunikationskanäle zur selbstähnlichen Abbildung von Markenwertigkeiten zu missbrauchen. Die Marke muss die Gestalt eines öffentlichen Akteurs bekommen, der seine Versprechen in den Arenen der Öffentlichkeit abgibt, einlöst und dafür kämpft, der für Werte steht und sich mit wertbezogenen Konflikten aktiv auseinander setzt.

Menschen lieben Marken

Trotz aller Kritik à la „No Logo!" – das Ende des Markenzeitalters hat nicht begonnen. Im Gegenteil. Denn die Menschen brauchen Marken! Zunächst einmal aus banalen und praktischen Gründen. Eine Marke erleichtert es Menschen, ein einmal bewährtes Produkt im Warensortiment immer wieder zu erkennen, und gibt die Sicherheit, dass man es zur gleichen bewährten Qualität erneut erwerben kann.

Menschen wollen Marken aber vor allem, weil sie ihnen Glück und schuldfreien Genuss versprechen und sie zu beidem verführen möchten. Dies ist der entscheidende Zusatznutzen einer Marke. Konsum wird dadurch von einem bloßen pragmatischen und funktionalen Akt der Reproduktion zu einer Investition in ein gutes Leben innerhalb einer schlechten Welt. Denn dass wir in einem Jammertal leben, wer will das noch leugnen angesichts der immer frischen Katastrophenmeldungen? Die Marke eröffnet die Möglichkeit, den Himmel auf Erden zu haben und dort mit dem Teufel zu spielen. In jedem „Ich gönn mir das" steckt daher die Antwort auf die Frage nach der Angemessenheit des Konsums: Kann ich mir das jetzt leisten? Müsste ich nicht teilen? Ist das nicht schädlich für mich, die anderen, die Umwelt? Ist das gerecht, dass es mir gut geht und anderen nicht? Aber vor allem steckt darin die Verwirklichung des Wunsches nach „Genuss ohne Reue".

Fangen wir mit dem zweiten Punkt an. Marken mit emotionalem Mehrwert zu verbinden ist nicht neu. Neu ist, dass es dabei nicht mehr um die Idealisierung von gesellschaftlich akzeptierten Lebensentwürfen geht: die Verwirklichung der heilen Familie, der glatten Karriere, der alterslosen Jugend. Die Marke kann den Menschen heute das Gefühl der Freiheit geben, der kurzzeitigen Unabhängigkeit vom Alltag. Darin steckt natürlich auch die Kapitulation der Menschen, die ursprünglich gesetzten Ideale zu erreichen. Die Kluft zwischen Wunsch und Realität ist offensichtlich zu groß geworden. Da der Mensch dennoch unver- zagt auf der Suche nach einer besseren Welt ist, schafft er sich eine neue, getrennt vom Alltag. Er lässt diesen einfach, wie er ist, und löst sich situativ vom Druck der Konventionen. Da er dem Alltag nicht vollends entfliehen kann, braucht er eine Fluchtmöglichkeit, die nicht negativ auf den Alltag zurückschlagen kann: Genuss ohne Reue, Konventionsbruch ohne Konsequenzen. Marken eröffnen ihm kurzzeitig verbotene Paradiese. Manager in den besten Jahren können so am Wochenende in dickem Leder auf ihrer Harley Outlaw spielen.

Dass diese Welt nicht echt ist, stört nicht. Es ist ein Spiel, ein Traum, bei dem es nicht um die dauerhafte Verwirklichung geht, sondern um Flucht. Die Glaubwürdigkeit der Marke muss sich darin beweisen, dass die Geschichte, für die sie steht, schlüssig funktioniert. D. h., sie misst sich nicht an der Alltagstauglichkeit. Die Schwierigkeit für die Marke besteht jedoch darin, dass sie als Idol im Traum und in der Wirklichkeit Bestand haben muss.

Eine Marke muss also versprechen,
- für die neueste Technik,
- für das beste Preis-Leistungsverhältnis und
- für soziale Anerkennung und persönliche Profilierung zu stehen,
- gut, vorne, oben zu sein,
- „richtig" zu leben.

Die Marke kann all diese Versprechen nur einlösen, wenn sie nicht selber unverhältnismäßig viel moralische „Schuld" auf sich lädt. Sicher, wo gehobelt wird, da fliegen Späne, das akzeptieren die Menschen. Aber Kinderarbeit, Umweltvergiftung, Ausbeutung? Das darf nicht sein.

Die Chance für die Markenkommunikation und die Marke besteht nun darin, dass sie Genuss ohne Reue im weitesten Sinne real werden lässt: Die Marke kann menschlichen Bedürfnissen eine Gestalt geben, und Markenkommunikation kann öffentlich bedeutsame Kommunikation über diese Bedürfnisse sein. Hierin können Branding und Markenkommunikation gesellschaftlich legitimiert sein – sofern nicht ein zynisches Kalkül spürbar wird.

Daraus folgt, dass Markenkommunikation langfristig orientiert sein muss. Marken dürfen Trends setzen, aber nicht für Trends stehen. Sie müssen mehr sein, wenn sie langfristig Quelle der Wertschöpfung sein sollen. Denn die Menschen sind zum überwiegenden Teil nicht dumm, sondern versuchen nur, das Beste aus ihrer Situation zu machen. Sie lassen sich vielleicht mal was aufschwatzen, kommen dann aber nie wieder. Andererseits dürfen Marken sich auch nicht zum Religionsersatz machen wollen, denn sie verwickeln sich dann in Konflikte um Werte, die sie nicht durchstehen können. Sie stehen nicht für das Paradies und die Erlösung aus dem Übel, sondern für die Verbesserung der Befindlichkeit im Jammertal. D. h.: Marken müssen mit dem wirklichen Leben verbunden sein, dies ist der entscheidende Beweis ihrer Glaubwürdigkeit.

Die Kunst der Markenführung und Markenkommunikation besteht nun darin, im Zwischenraum zwischen Jammertal und Paradies dem Letzteren möglichst nahe zu kommen, ohne die Verbindung zur Erde zu verlieren. Und wer beurteilt dies? Die Antwort darauf geben nicht die Abverkaufszahlen der letzten Woche oder des letzten Quartals, sondern die Öffentlichkeit. Denn die Öffentlichkeit ist in unserer heutigen realen Welt der Gerichtshof, vor dem die Schuldfragen verhandelt und die Freisprüche erteilt werden. In unserer säkularen Welt kann ich mir nur selbst verzeihen, und das fällt mir umso leichter, wenn ich mich darin von der Öffentlichkeit bestärkt sehen darf. Die Absolution erteilt die Öffentlichkeit – und sie spricht die Urteile. Die kommunikative Funktion der Marke ist also implizit die „Abbitte" des Einzelnen, die erfolgreiche Ermöglichung von Genuss ohne Reue. Die Marke gibt mir die Möglichkeit, über die Stränge zu schlagen, Konventionen zu brechen, zu sündigen, ohne in der Welt schuldig zu werden. Sie sagt: „Du hast es verdient, du darfst das tun!" Die Marke wird so zur Belohnung für das harte Leben. Aber glaubwürdig ist dies nur, wenn sie es massenhaft sagen kann, wenn sie allgemein zugänglich ist. Die Situation ist somit durch eine frappante Dialektik geprägt: Eine Marke muss für ein Massenprodukt stehen, weil der Mechanismus der individuellen Entschuldung nur funktioniert, wenn die Marke massenhaft genutzt wird und in der Öffentlichkeit akzeptiert ist.

Natürlich kann eine Marke es mit einem solchen Rollenkonzept nicht allen recht machen – aber wäre das überhaupt sinnvoll? Eine Marke muss Charakter zeigen, auch Ecken und Kanten. Sie muss sich in ihrem Themenfeld einmischen und Führung beanspruchen, sich als Alternative zu anderen präsentieren, und das durchaus kompetetiv. Das hört sich riskant an. Das kann nach hinten losgehen. Aber wenn man nichts tut, geht es auf jeden Fall nach hinten los. Wer hier zurückschreckt, verkennt die Zeichen der Zeit. Auch der Gesetzgeber hat inzwischen mit der Neuregelung der vergleichenden Werbung Möglichkeiten eröffnet, Marken im Wettbewerb unmittelbar in Abgrenzung zu Konkurrenten zu profilieren – mit einem Wort: als kompetitive Akteure zu profilieren.

Campaigning für Marken

Die Anforderungen an Markenkommunikation und Markenführung sind ausreichend klar. Aber welche Anforderungen ergeben sich daraus für die Werbung? Muss sie etwa ihren Führungsanspruch aufgeben? Sind die Zeiten der Spots und Plots vorbei? Wir sagen Nein. Wir sind der Meinung, dass Werbung weiterhin die zentrale Rolle in der Markenkommunikation spielen wird. Denn wir verstehen unter Campaigning nicht die Perfektion der flächendeckenden Besetzung oder verdeckten Nutzung des öffentlichen Raumes. Bei so genannten Medienkooperationen weiß irgendwann keiner mehr genau, wer mit welchem Interesse die Aufmerksamkeit des Publikums lenkt und ob die Redaktion nur eine frei verfügbare Textertruppe für den Kunden (nicht den Leser!) ist. Folge: Vertrauensverlust für Medium und Werbetreibenden.

Der Vorteil von Werbung ist dagegen, dass jeder sie erkennt. Und das ist gut so. Zwar sind die Bürger von der Werbung inzwischen überwiegend genervt. Aber das liegt nach unserer Überzeugung nicht an der Werbung per se, sondern an zu viel schlechter Werbung. Die

Menschen lehnen Werbung ab, die sie selber in Pre-Tests so glatt gelutscht haben, dass sie sich anfühlt, als habe man eine Murmel im Mund. Wenn sich die Werbung aber der Öffentlichkeit zuwendet und nicht nur krampfhaft ihrer Zielgruppe Gags in Serie serviert – dann sollte das anders aussehen. Und auch die Medien sind froh, weil sie weiter gut verdienen und stolz auf ihre unabhängige Redaktion sein können.

Was die Werbung also braucht, sind neue Ideen, um den Marken einen kommunikativen Zusatznutzen zu verleihen. Bei der Ideenfindung vertraue man nun nicht auf die gängigen Ratgeber. In diesen Büchern steht: „Entspann dich! Sag etwas Interessantes! Denk in Bildern! Denk einfach einfach! Beobachte deine Umwelt! Schau dir die Menschen an! Lass das Produkt erzählen! Zeig, was mit deinem Produkt passiert! Zeig, was ohne dein Produkt passiert! Sei aktuell! Sei humorvoll! Provoziere! Schaffe Gegensätze! Erzeuge Spannung! Sei echt!" Und dann tun die Werber, wie ihnen empfohlen und ... nun ja ... tatsächlich hat der Zuschauer manchmal das Gefühl, ernst genommen zu werden, fühlt sich unterhalten, informiert, vielleicht sogar beides zusammen. Ein weiser Mann sagte einmal: Außer im Schach werde nirgendwo so viel Kreativität verschwendet wie in der Werbung. Und hier liegt der Akzent auf „Verschwendung", auch wenn der Mann es nicht so gemeint haben wird. Denn mindestens sieben von zehn Ideen sind Verschwendung, weil sie keinen langen Atem haben; ihr Verfallsdatum geht kaum über den Erscheinungstag hinaus.

Werbung muss die Limitierung ihrer Instrumente durchbrechen. Und sie muss sie freier einsetzen. Werbung versucht zwar mehr und mehr, sich zu integrierter Kommuniaktion zu mausern – besetzt Direktmarketing, macht Sponsoring und geht ins Internet. Sie macht aber Halt vor der PR. Zwischen beiden Disziplinen gibt es einen mentalen San-Andreas-Graben. Man ist sich nah und doch so fern. In der Überwindung dieses Grabens liegen die neuen Möglichkeiten. So werden Anzeigen Vorlagen für die Medienarbeit oder sogar zum Medienereignis selbst. Werbung kann von der PR lernen, große

Geschichten über einen längeren Zeitraum in der Arena zu erzählen, die nicht nur fesselnd sind, sondern auch Gesprächsstoff. Werbung hat die Chance, sich von ihrer alten Rolle zu emanzipieren, sie muss sich nicht mehr darauf beschränken, in Form von überraschenden Plots Marken in ihrer Selbstähnlichkeit zu penetrieren. Mit Hilfe der PR kann die Werbung die Marke lebendig, fesselnd und wirkungsvoll inszenieren.

PR heißt nicht einfach: Beeinflussung der Medien durch Pressemitteilungen, Journalistenreisen und nette Events. PR heißt: Themen finden, die zu meiner Rolle passen und im Kontext der gesetzten Agenda das Publikum unmittelbar anregen und mediengerecht darstellbar sind. Die politischen Campaigner ziehen daraus eine einfache Schlussfolgerung: Sie fragen regelmäßig die Stimmungen, Meinungen und Wertungen des Publikums zu den verschiedenen Themen ab. Sie überprüfen sozusagen die Themen auf Publikumstauglichkeit und formatieren und inszenieren sie dann mediengerecht.

Aber nicht jedes Thema ist ein Thema. Ein Thema wird erst dann zum bedeutenden Thema, wenn es zum Gesprächsthema wurde – am Arbeitsplatz, in der Familie, an der Theke. Kann denn Kreativität nicht Themen ersetzen? Jede Anzeige sollte doch kreativ sein. Doch welche Anzeigen waren in den letzten Jahren so fantasievoll, dass über sie gesprochen wurde, nicht nur in der Fachpresse, sondern auch am Arbeitsplatz, in der Familie, an der Theke? Es waren z. B. die Benetton-Anzeigen des Fotografen Oliviero Toscani. Die Benetton-Anzeigen schockierten die Öffentlichkeit, weil sie vor allem den Tod zeigten, das Thema also, das den Menschen – neben der Liebe – am stärksten berührt, worüber er oft und öfter nachdenkt. Worüber soll der Mensch auch sonst nachdenken? Über Weichspüler und Drei-Liter-Autos? Also muss uns die Werbung nur ausführlicher den Tod vor Augen führen, damit über sie gesprochen wird? Der Tod hat Benetton kein Glück gebracht – die Verkaufszahlen gingen in den Keller, und Oliviero Toscani ging nach New York, um dort das Magazin „Talk" ansehnlicher zu machen. Ob es einen tieferen Zusammenhang gibt zwischen „ins Gespräch kommen" und „Talk", nun, darüber mögen Psychologen nachdenken, fest steht: Das Schlüsselwort ist nicht Tod, das Schlüsselwort ist: Thema. Aber nicht Thema um jeden Preis. Die Themen müssen aus der öffentlichen Gestalt der Marke, aus ihrer öffentlichen Brand-Equity abgeleitet werden.

Dass man nicht per se bedeutend sein muss, um sich permanent zum Thema zu machen, das zeigt das Phänomen Jenny Elvers. Ihre Karriere begann als Heidekönigin von Amelinghausen, und als Heidekönigin hätte Jenny Elvers es sich ein Jahr auf ihren Lorbeeren bequem machen können. Doch Lorbeeren sind ein rasch welkendes Gemüse. Deshalb hegte und pflegte Jenny das Gemüse: Sie machte sich zum Thema als Freundin von Heiner Lauterbach, und sie machte sich zum Thema als Ex-Freundin von Heiner Lauterbach; sie machte sich zum Thema als Busenwunder, und sie machte sich zum Thema als Ex-Busenwunder. Dann wurde sie schwanger, und wenn sie nicht mehr schwanger ist, wird sie auch als Ex-Schwangere ein Thema sein. Ex und hopp? Eher: Ex – und hoppla, hier komm ich schon wieder! Man muss nicht weltbewegend sein. Was man jedoch braucht, sind viele Geschichten, die das Versprechen der Brand Equity immer wieder einlösen. Wenn das gelingt, kann man auch aus dem Bekenntnis „Ich rauche gern" Campaiging machen.

Vom public insight zum Rollendesign in der Arena

Kommen wir zurück zu den vier Problemfeldern der Markenkommunikation. Was kann Campaigning zur Lösung beitragen? Dass Markenkommunikation immer teurer wird, kann Campaigning nicht ändern. Aber Campaigning bringt mehr kommunikative Wirkung fürs Geld. Dass sich Kommunikation immer schwerer planen lässt, ist ebenfalls nicht zu ändern. Aber Campaigning stellt sich ja von vornherein auf die Unberechenbarkeit in der Arena ein und versucht, sie zum eigenen Vorteil zu nutzen. Und auch die Herstellung von Glaubwürdigkeit wird besser funktionieren, wenn sie sich ihrer öffentlichen Gestalt bewusst wird und darauf aufbauend als öffentlicher Akteur kommuniziert. Wenn man diese beiden Schritte geht, eröffnen sich auch die Chancen, mit der Kommunikation wieder durchzudringen, indem man die öffentliche Agenda nutzt.

Wie kann meine Marke aber nun die Themen finden, mit denen sie in der Arena reüssiert? – Die kommunikative Nutzung der öffentlichen Agenda darf sich jedenfalls nicht darin beschränken, Schokoosterhasen rechtzeitig in Schokoweihnachtsmänner zu verwandeln. Wer heute Aufmerksamkeit will, muss das Feld analytisch präzise erfassen. Das heißt zunächst, dass man seine Hausaufgaben machen und alle technischen Rahmendaten zusammenfassen muss. Der konzeptionelle Kern des Skriptes beruht allerdings auf der Formulierung eines „public insight". Der Begriff lehnt sich an „consumer insight" an, mit dem das Marketing versucht, das Leistungsversprechen der Marke mit antizipiertem Bedürfnis der Konsumenten abzubilden. Nach dem Motto: Welches funktionale und emotionale Defizit gibt es, und wie kann die Marke es beseitigen? Die Aufgabe der Marke ist also die Auflösung kognitiver Dissonanz. Der „public insight" geht über diese Fragen hinaus:

- Was will meine Marke für meinen Kunden tun?
- Wie sieht mein Kunde seine Bedürfnisse in Beziehung zu seiner eigenen öffentlichen Rolle?
- Wie sieht mein Kunde seine Bedürfnisse in Beziehung zu gesetzten öffentlichen Themen?
- In welchem Bezugsrahmen verständigt sich mein Kunde über diese Bedürfnisse?
- Wie würde er seine Bedürfnisse öffentlich ausdrücken?
- Wie würde er über sie reden?

Sobald ich als Werbetreibender darauf eine eindeutige Antwort geben kann, habe ich einen entscheidenden Wettbewerbsvorteil in der Kommunikation identifiziert. Ich habe einen Punkt identifiziert, mit dessen Hilfe ich die zuvor so festgefügt erscheinende öffentliche (Branchen-)Agenda zu meinen Gunsten verrücken kann. Und ich habe einen Punkt identifiziert, von dem aus ich den Instrumenteneinsatz stimmig steuern kann: Werbung, Sponsoring, Direktmarketing und PR.

Natürlich hat der Kanzler leichten Zugang zu den Kameras. Aber dennoch nutzt seine Regierung die klassischen Instrumente der Kommunikation. Paradoxerweise gilt: Je mehr die Öffentlichkeit scheinbar PR-getrieben ist, desto wichtiger kann wieder die Rolle von Werbung und Sponsoring werden. Werbung und Sponsoring haben nämlich den unschätzbaren Vorteil, dass man die Wirkung vergleichsweise präzise definieren kann. Vorausgesetzt man respektiert die Gesetze in der Arena und das Publikum.

Ist das nicht alles Inszenierung? Genau, das alles ist Inszenierung, besser und richtiger: Inszenierung ist alles! Denn mit der Präsentation eines Produktes allein kann heute niemand mehr den Kampf auf dem Markt gewinnen. Es muss eine öffentliche Präsenz und Relevanz hergestellt werden, die kommunikativ gesteuert werden kann. Das Produkt benötigt ein Umfeld, um zu überleben; die Verbraucher benötigen dieses Umfeld, damit das Produkt in ihr Leben einziehen kann. Nicht allein die Werbung trägt zur Markenbildung bei, nein, vor allem die Menschen, die sich für diese Marke entscheiden sollen. Die Kunst der Markenführung besteht darin, die Steuerungsgewalt über die Kommunikation der Marke zu behalten und zugleich die Öffentlichkeit an diesem Prozess zu beteiligen.

Die Werbebotschaft der Zukunft heißt: Ich thematisiere, also bin ich! Die Kommunikation der Zukunft ist Campaigning. Und dies gilt auch für Unternehmen und Corporate Brands, wie wir im folgenden Kapitel zeigen wollen.

Kapitel IV:
Corporate Campaigning –
das Unternehmen in der Arena

Der gestresste Unternehmensmanager neigt unter seinem Erfolgs-
druck zu einer verengten Wahrnehmung der ihn umgebenden Welt:
Sein Unternehmen ist dazu da, um Gewinne zu machen. Die Kunden
sind dazu da, die Markenprodukte möglichst teuer zu kaufen. Die
Mitarbeiter sind dazu da, den Gewinn des Unternehmens unermüdlich
zu steigern. Die Lieferanten sind dazu da, just in time und billiger als
beim letzten Mal zu liefern. Der Staat ist dazu da, Infrastruktur und
Steuervorteile bereitzustellen. Die Aktionäre sind dazu da, das erfor-
derliche Kapital zu geben. Die Medien sind dazu da, den Erfolg zu
feiern. Alle anderen sollen nicht stören.

Die Welt sieht aber leider ganz anders aus: Keiner gönnt dem
Unternehmen die Gewinne. Die Wettbewerber machen ihm den
Markt streitig. Die Kunden kaufen im factory outlet, die Mitarbeiter
wollen mehr Geld, weniger Arbeit und viele Sozialleistungen. Die
Lieferanten wollen nur mehr Geld und längere Verträge. Der Staat
will Umweltschutz, Verbraucherschutz, Werbebeschränkungen, Stand-
ortzusagen und Steuern, Steuern, Steuern. Die Medien sind vor
allem an Skandalen interessiert. Und allen anderen fällt ebenfalls jede
Menge ein.

Das ist Tragik unseres Managers: Nur unter Einbeziehung und mit
Unterstützung all dieser widerspenstigen Interessen kann ein Unternehmen Gewinne machen. Binsenweisheit? Aber warum kommunizieren die meisten Unternehmen dann nicht entsprechend? Wenn Sie
wissen wollen, welchen Beitrag Corporate Campaigning zu einer
erfolgreichen Unternehmenskommunikation leisten kann, sollten Sie
weiterlesen. Denn wir sagen: Nur wenn die Unternehmenskommunikation sich die Strategie des Corporate Campaigning zu Eigen macht,
wird sie die Chancen der Arena optimal nutzen können. Corporate
Campaigning zu seiner Strategie machen heißt, dass man aus den
Fehlern der Vergangenheit gelernt hat. Und damit wollen wir an
dieser Stelle beginnen.

Unternehmen sind eine öffentliche Veranstaltung

Es gibt Unternehmen, von denen man auch heute noch nicht viel mehr kennt als die Standorte ihrer Filialen, wie z. B. im Fall der Handelskette Aldi. Diskretion ist dort oberstes Gebot. Unternehmen sind in diesem Verständnis private Rechtssubjekte, die ihren Aktivitäten im Rahmen der Gesetzgebung nachgehen können, ohne der Öffentlichkeit weiter Rechenschaft ablegen zu müssen. Wenn man ehrlich ist: eine mitunter durchaus komfortable Position. Denn was soll ich mich als Inhaber eines Unternehmens sinnlos herumärgern mit allen erdenklichen „Stakeholdern"? Klar ist doch: Je mehr ich in die Öffentlichkeit gehe, desto vielfältiger und größer werden die Ansprüche! Je mehr ich mir in die Karten schauen lasse, desto mehr droht mein Wettbewerbsvorteil zu schwinden! Also: So wenig in die Öffentlichkeit wie unbedingt erforderlich und wenn, dann nur das äußerst Notwendige verlautbaren.

Solche Unternehmen gibt es auch heute noch, und es ist noch nicht so lange her, da war diese Haltung die Norm. Generationen von PR-Managern missionieren seit Jahrzehnten die Unternehmensführungen, um sie von einer anderen Haltung zu überzeugen: die Anerkennung der Rechte der Öffentlichkeit an Informationen über ein Unternehmen. Die aktive Kommunikation eines Unternehmens mit der Öffentlichkeit. Die planmäßige und strategische Entwicklung aller öffentlichen Beziehungen – Public Relations eben. Und dabei wurden sie unterstützt vom Gang der Dinge: von einer Vielzahl öffentlicher Skandale, die ihren oft massiven Schaden nur anrichten konnten, weil die betroffenen Unternehmen die kommunikativen Rechte der Öffentlichkeit nicht von Anbeginn akzeptierten, weil sie aus der eingangs karikierten Haltung heraus agierten.

Inzwischen ist dieser Gang der Dinge unter dem Einfluss des internationalen Kapitalmarktes und der Veränderungen in der Medienarena in den fliegenden Galopp gefallen, und unsere PR-Manager drohen den Anschluss zu verlieren. Unternehmenskommunikation hat nicht mehr nur die Funktion, unternehmerisches Handeln zu legitimieren. Die Öffentlichkeit nimmt immer häufiger direkten Einfluss auf das unternehmerische Handeln. Dies gilt natürlich insbesondere für Aktiengesellschaften, deren Handeln täglich im Kurs belohnt oder bestraft wird. Analysten durchleuchten bei den so genannten „Grillpartys" die Zahlen und Zukunftspläne, die Equity Story des Unternehmens – und auf dem Grill liegen nicht Würstchen, sondern die verantwortlichen Manager. Dabei ist man zwar zunächst „entre nous", aber am nächsten Tag weiß es der Kapitalmarkt und dann ist das Wohl und Wehe sogleich auch Thema in den Medien. Oder, was oft noch schlimmer ist: Die Aktie schafft es nicht, Thema zu werden.

Wir schlagen vor, auch den letzten Schritt zu gehen: Als Unternehmen nicht nur offen und transparent zu kommunizieren, sondern als Corporate Brand, als öffentlicher Akteur in die Arena zu treten, und die Chancen aktiv zu nutzen – denn den Risiken entkommt man ohnehin nicht, wie wir jetzt zeigen.

Nach der Krise ist vor der Krise

Erinnern Sie sich noch? „Nestlé tötet Babys!", „Atomkraft, nein danke!", „Brent-Spar und die Folgen" etc. In den letzten Jahrzehnten wurden ganze Branchen immer wieder öffentlich fundamental in Frage gestellt. Immer wieder wurde aus einem Thema in Verbindung mit einer scheinbar unbedeutenden Gruppe von Aktivisten eine Bewegung, die der Öffentlichkeit ein Thema setzte. Allein durch die erfolgreiche Kommunikation dieser Gruppen wurden und werden neue, häufig gesetzgeberisch verankerte Rahmenbedingungen unternehmerischen Handelns geschaffen.

Schauen wir auf das Beispiel Nestlé: In den 60er Jahren stellten Mediziner fest, dass es einen Zusammenhang zwischen der steigenden Säuglingssterblichkeit in Ländern der Dritten Welt und der Vermarktung von Säuglingsmilch durch die Lebensmittelindustrie gibt. Was war geschehen? Um neue Märkte zu schaffen, verschenkten Hersteller in großem Umfang Probepackungen ihrer Produkte. Uninformierte Mütter verwendeten bei der Zubereitung der Säuglingsnahrung verunreinigtes Wasser und nichtsterile Fläschchen. Als die Probepackungen aufgebraucht waren, hatten die Mütter abgestillt, und nun reichte das Geld nicht für neue Packungen. Aus Geldmangel verwendeten die Mütter daher bei der Zubereitung nicht genug Milchpulver. Dies führte zu Unterernährung, Krankheit und schließlich zur erhöhten Sterblichkeit der Babys.

Ein Bericht eines Wissenschaftlers auf einer Tagung der WHO führte in der Folge zu einer massiven Kampagne von Aktivisten, NGOs und Staaten, die schließlich mit der weltweiten Durchsetzung restriktiver gesetzlicher Standards zur Vermarktung von Säuglingsnahrung endete, die sich an der Situation in den Entwicklungsländern orientieren. Wer heute in der alphabetisierten Wohlstandsregion Deutschland im Supermarkt nach Säuglingsnahrung sucht, findet Packungen, auf denen Bärchen, Häschen und lustige Rasseln abgebildet sind und der freundliche Hinweis zu finden ist, dass Stillen durch die Mutter die beste Ernährung fürs Baby ist. Verboten sind humanisierende Abbildungen von Babys oder stillenden Müttern, weil diese Bilder die junge Mutter motivieren könnten, das Stillen durch Säuglingsnahrung zu ersetzen. Verboten ist allgemeine Publikumswerbung. Verboten ist die breite Abgabe von Proben. Streng reglementiert ist die Abgabe von Proben an Kliniken etc. pp. Ein Ergebnis, mit dem letztlich niemand zufrieden sein sollte, weil diese Regulierung in entwickelten Ländern entmündigend wirken und es sich für die Industrie kaum noch lohnt, ihre Produkte weiter zu entwickeln, da sie kaum noch Möglichkeiten haben, Produktvorteile zu kommunizieren.

Warum wir dieses Beispiel in unserem Zusammenhang für erwähnenswert halten? Weil es eine Industrie vermochte, in ihrem Festhalten an Rechtspositionen und ihrer Blindheit gegenüber öffentlichen Mechanismen eine weltweite intensive Zensur ihrer Marketingaktivitäten zu provozieren und so die Grundlage ihrer Geschäftstätigkeit beinahe zu zerstören. Man hat die Kritik abgeblockt, hat versucht, das Problem herunterzuspielen, bis die Sache außer Kontrolle geriet. Mit Nestlé wurde ein Unternehmen stellvertretend für eine ganze Branche negativ exponiert – weil so die Kampagne der Kritiker einfach besser funktionierte. Das zeigt: Bei aller Notwendigkeit für die gemeinsame Vertretung von Interessen in nationalen und weltweiten Verbänden kann sich kein Unternehmen hinter einer Branche oder einem Verband verstecken. Und es zeigt, wie man in der Arena bestraft wird, wenn man sich erst mal arrogant als Goliath auf den Rummel stellt. Denn dann reicht auch im wirklichen Leben dem David seine Schleuder, um Goliath zu Fall zu bringen.

Über die Jahre hinweg lernten die meisten Unternehmen und Branchen, sich produktiv mit den Ansprüchen der verschiedenen „Stakeholder" auseinander zu setzen. Umweltmanagementsysteme mit einer aufwendigen Umweltberichterstattung wurden implementiert. Die Industrie wurde so ordentlich, dass das Publikum anfing, sich zu langweilen, und die Umweltmanager der Industrie hier und WWF und Co. da in Ruhe ihrer Arbeit in den Hinterzimmern der Öffentlichkeit nachgehen konnten. Inzwischen sucht man nach Wegen, um die Öffentlichkeit dafür zu interessieren, was man in diesen Bereichen alles leistet.

Wirtschaft ist Krieg

Das neue Stück in der Arena heißt: Wirtschaft ist Krieg! So zumindest eine viel zitierte Äußerung von Ferdinand Piech, dem Vorstandsvorsitzenden des Volkswagen-Konzerns. Und diesmal ging es nicht David gegen Goliath, sondern um den Kampf der Giganten untereinander. Und es wurde deutlich, dass die Arena auch genutzt werden kann, um den Wettbewerb schlecht aussehen zu lassen.

Anlass dieser Äußerung Piechs war die spektakuläre Auseinandersetzung zwischen Volkswagen und General Motors anlässlich der Abwerbung eines Top-Managers durch Volkswagen. Ignacio Lopez sollte angeblich geheime Unterlagen seines alten Arbeitgebers mitgenommen und damit wesentliche Geheimnisse verraten haben. Während bis dato die Personalien der Wirtschaft allenfalls diskret in FAZ und Handelsblatt und ein wenig genüsslicher im Managermagazin ausgebreitet wurden, konnte das deutsche Publikum nun über Monate hinweg der Auseinandersetzung zweier Weltkonzerne zur Primetime im Fernsehen folgen. Unversehens waren aus beiden Unternehmen öffentliche Akteure geworden, unversehens ging es nicht nur um Personal, Rechtspositionen und Geld, sondern um die Marke und ihr Image, d. h. um strategische Positionen. VW gegen Opel war diesmal nicht die Frage eines Tourenwagenrennens. Es mischten sich Dimensionen nationaler und historischer Gefühle mit den Produkteigenschaften und Markenimages. Ein für Volkswagen besonders brisantes Gemisch, war die Marke doch gerade im Begriff, ihre Produktpalette von Grund auf zu erneuern und eine Offensive auf dem amerikanischen Markt zu starten: Nicht auszudenken, wenn der „Beetle" in den USA als Hitlers Enkel und nicht als Hippies nostalgische Erinnerung an Flowerpower aufgenommen worden wäre!

„Krieg", sagte Ferdinand Piech und wurde für diese undiplomatische Offenheit gescholten, „Krieg" sah aber auch das Publikum, und zwar den Krieg zweier Goliaths in der Arena. Mit einer Mischung aus Schaulust und Irritation nahm die Öffentlichkeit teil: Hatte man es hier mit einem Konflikt zweier Unternehmen zu tun? Mit den Machtkämpfen egozentrischer Top-Manager? Oder gar mit einem vorgeschobenen Konflikt der beiden weltbeherrschenden Wirtschaftsblöcke? Nachdem anfänglich die Juristen die Agenda definierten, drohte die Auseinandersetzung vollends auszuufern. Eingedämmt wurde sie von Kommunikationsverantwortlichen und Politikern. Beide Unternehmen konnten zum Schluss ohne Gesichtsverlust den Ring verlassen. Aber die Öffentlichkeit hatte ihre Lektion gelernt, aus gesichtslosen Managern waren Gladiatoren geworden und die Geschichten der Wirtschaft erfreuten sich zunehmender Aufmerksamkeit und einer immer breiteren Berichterstattung.

„Skandalisierung" rufen die Medienkritiker gerne angesichts solcher Ereignisse und fassen diese Vorgänge als Ausnahmen auf. Sie verkennen, dass Unternehmenskommunikation per se zum „Kriegsschauplatz" geworden ist. Denn es ist in der Regel nicht so, dass die skandalwütigen Medien solche Konflikte aufdecken und dann hochziehen. Die Regel ist, dass Akteure die Medien benutzen, um einen Wettbewerber schlecht aussehen zu lassen. Die Unternehmenskommunikation sieht sich hier ähnlichen Herausforderungen gegenüber wie die politische Kommunikation. Traditionellerweise handelt man in der PR-Literatur diesen Aspekt des Kommunikationsmanagements ab unter der Rubrik „Krisenkommunikation". In vielen Branchen lässt sich aber ein Unterschied zwischen Krisenkommunikation und normaler Kommunikation nicht mehr sinnvoll herstellen. Der Begriff „Krisenkommunikation" setzt voraus, dass die Krise ein dramatisches Ereignis außerhalb der normalen Unternehmensabläufe und außerhalb der normalen Kommunikation ist. Tatsache ist aber: Nach allem, was wir bisher feststellen mussten, befinden sich Unternehmen demnach permanent in chaotisch verlaufenden Prozessen. Eine Fixierung auf die unausweichlich bevorstehende nächste Krise verhindert die Erarbeitung eines adäquaten Kommunikationsverständnisses. Unternehmen neigen dazu, Medien rein ökonomisch zu sehen, als Vertriebspartner für ihre Inserate, Anzeigen und Spots. Die Mediendemokratie und ihre Spielregeln sind ihnen eher suspekt. Hier können Unternehmen von der Politik lernen, die gar nicht über die nötigen Geldmittel verfügt, um den Platz für ihre Botschaften zu kaufen, und sich stattdessen im Dschungel der Mediendemokratie durchschlagen muss.

Die Mechanismen des Skandals bezogen auf Unternehmen funktionieren ähnlich wie in der Politik. Unternehmen werden als „Goliath" gesehen: groß, mächtig, und deswegen erfolgreich. Das Publikum betrachtet diese Goliaths aus der „David"-Perspektive: schwach und abhängig. Und es unterstellt ihnen, dass sie im Schutz ihrer Größe und Pracht heimlich ihren Vorteil suchen. Dieses Verhältnis zwischen David und Goliath bringt die spezifische Dynamik der Investigation und Aufdeckung in Schwung. Es gibt für Unternehmen kaum eine Möglichkeit, diesem Rollenraster zu entgehen. Daher kommt es darauf an, diese Rolle als öffentlicher Akteur kontinuierlich zu gestalten. Ein

Goliath, den die Öffentlichkeit gut kennt, ist nicht so anfällig für Skandale und die Strudel der Mediendynamik. Die Öffentlichkeit interessiert sich aber nicht nur dafür, was ein Unternehmen tut, sondern vor allem, wie es tut, was es tut. Es geht also um die Beherrschung der Symbole. „Peanuts" und „Brent Spar" standen aus Sicht der Unternehmen zunächst für nebenrangige Geschäftsvorgänge. Sie haben zentrale symbolische Bedeutung erlangt, weil die Unternehmen die Deutungshoheit über ihre Handlungen und Rollen aus der Hand gaben, indem sie nicht verstanden, wie sie in der Öffentlichkeit wahrgenommen wurden. In einem solchen Prozess werden die Unternehmen gezwungen, Erklärungen und Erläuterungen für Aussagen oder Handlungen zu geben, die nicht mehr zur Klärung führen, sondern zur weiteren Verstärkung des negativen Eindrucks. Das Publikum zwang ihnen die eigene Deutung auf und genoss seinen Sieg als David.

Fazit: Unternehmen haben keine Chance, ihrer Rolle als öffentlicher Akteur zu entkommen. Sie müssen sie aktiv gestalten. Und wer das tut, wer seine Rolle in der Arena annimmt, wird im Wettbewerb nicht nur für den Krisenfall Vorteile gewinnen.

Vorstände als Popstars oder: die Aktie im Container

„Nie wieder arm" hieß die Devise im Jahr 2000, und unser „David" glaubte an die Pop-Heroen der New Economy und ihre Prediger in den Medien. Und auch als die ersten düsteren Aussichten die Kurse ins Rutschen brachten, schrien hellrote Buchstaben unverdrossen: „Es kann wieder losgehen!"; Börsenmakler im grauen Anzug zeigten, wo es lang geht mit dem Kurs – nach oben!; und im Innenteil des Anlegermagazins „Euro am Sonntag" wurde dem Leser erklärt, „warum er jetzt einsteigen sollte". Diese Ausgabe erschien im Oktober des Jahres 2000, mitten im Abwärtstrend an den Börsen, als sogar Bankberater nicht mehr an ein Comeback der Aktien glaubten, sondern von Käufen längst abrieten. Und als das Börsenschiff weiter sank, spielte die Medienkapelle weiter ihre Jubellieder. Der Börsenhype – Nomen est Omen – erweiterte die Arena um eine weitere Variante von „Brot und

Spielen": Das Publikum wollte und durfte mitmachen – und wie bei Big Brother die Kurse der Kandidaten steigen oder fallen lassen. Auch wenn die Stars im Container inzwischen die Hosen herunterlassen mussten – ob Haffa, Kabel oder Schambach –, zumindest die börsennotierten Unternehmen haben keine andere Wahl, als sich täglich in diesem Szenario zu legitimieren.

Nun stellt unser David ernüchtert fest, dass er der Dumme war. Jetzt lagen die Aktien auf Grund, Depots waren abgesoffen, und viele Stammleser und ehemalige Fans glaubten nicht mehr an die frohen Botschaften von „Börse Online", „Telebörse" oder „Focus Money". Auf den Kurssturz folgte der Auflagensturz. „Börse Online", 1987 als Pionier der Branche gegründet, verkaufte im ersten Quartal 2001 durchschnittlich 38 Prozent weniger Hefte als im Jahr zuvor; im Juni 2000 war das Heft noch knapp 220 Seiten stark, im Jahr darauf nur noch 148 Seiten. Nur solange die Kurse stiegen, gingen auch die Auflagenzahlen hoch. Die Leser wollten sich Reichtum kaufen, für fünf Mark, am Kiosk. Deshalb schrieben die Magazine den Börsen hinterher und versprachen traumhafte Gewinne und hoben ihre Helden in den Himmel. Und als die ersten schlechten Nachrichten eintrafen? Da jubelten die Fachblätter kräftig weiter, denn kaum jemand wagte es, den Boten zu spielen, der den Anlegern die enttäuschende Wahrheit überbringt. Kaufen, kaufen, kaufen, und lieber nicht an morgen denken. Aus Zeitdruck analysierten die Journalisten die Unternehmen weniger genau, als der Leser wissen sollte. Schöne Optik, Homestorys, wenig Substanz. Wenn angebliche Siegeraktien auf dem Titel angepriesen wurden, verkauften sich die Hefte am besten, denn niemand will von Verlusten lesen, und deshalb musste der Grundton bei Aktienthemen wohlwollend sein. Für die Leser bleibt zu hoffen, dass sie einige todsichere Tipps nicht befolgt haben. „Wenn Produkthaftung auch für die Wirtschaftspresse gelten würde", sagt der Medienforscher Bernd-Jürgen Martini, „dann wären die Verlagskassen längst ziemlich leer."

Gewinner des Börsenhypes waren also sicher die Verlage und die Medien. Und mancher Vorstand machte bereitwillig mit bei der Inszenierung des Hypes. Personalisierung hieß das Zauberwort, und die Medienlieblinge sammelten als Popstars der New Economy Millionen ein. Mitunter schien es, als habe man von Jenny Elvers gelernt, wie man Prominenz aufbaut, um mit deren Einsatz den Aktienkurs der Firma hoch zu treiben. Während aber Jenny Elvers letztlich nur sich selbst schaden kann, ist der medienprominente Vorstand verantwortlich für ein Unternehmen, seine Mitarbeiter, seine Aktionäre, seine Kunden. Und dieser Verantwortung kann er nicht entgehen, wenn die Spekulation nicht aufgeht. Nach der Party müssen diese Stars bislang auf nicht viel mehr verzichten als auf den Glanz des öffentlichen Interesses, während ihre Unternehmen fundamental geschädigt wurden und ihre Aktionäre ihr Geld verloren. Aber die Staatsanwälte ermitteln, und wir werden sehen, was mit Villen und Yachten geschieht.

Natürlich gab es auch Materialschlachten. Die Telekom pumpte sicherlich dreistellige Millionenbeträge in die Werbung ihrer T-Aktienfamilie und der deutsche Werbeherbst versank im Postgelb. Auch die Werbeschlacht zwischen Mannesmann und Vodafone war nichts für sensible Gemüter, denn gerade im Retailbereich ist der Grad zwischen substanzieller Information und werblicher Verdichtung sehr schmal. Es ließe sich hier schnell einen Schuldigen ausmachen, wären nicht 90 Prozent der IPOs mit kleinen handgestrickten Kommunikationsauftritten ausgekommen, um kurzfristig erfolgreich zu sein. Viele IPOs wurden kommunikativ als kurzfristige Geldsammelaktion angelegt, als vollmundige Einmalpromotion. Man hatte nicht das Gefühl, hier sollten Anleger langfristig am Unternehmen beteiligt werden. Und so wurden diese Schnäppchen-Versprechen zum verhängnisvollen Programm. Kaum war der IPO durchgeführt, mussten Woche für Woche neue, sich selbst übertreffende Nachrichten produziert werden, um sich das Lob der Analysten und Investoren zu sichern.

Große Erwartungen fordern noch größere Erwartungen, und so wurde die Latte immer höher gelegt und konnte bald nur noch unterlaufen werden. Die Überhitzung ist gleichwohl ein Phänomen, an dem alle beteiligt waren. Noelle-Neumanns Schweigespirale wurde umgedreht und zu einer dynamischen „Nie-wieder-arm Spirale", die alle nach oben trieben. Dann schlug das Pendel zurück: von der Hysterie zur abgeklärten Vernunft. Und das war gut so, und darauf muss sich die Unternehmenskommunikation einstellen. Der Aktionär ist nun weitaus aufgeklärter und kritischer dem Rat seiner Bank gegenüber als je zuvor; er wird das Unternehmen genauer durchleuchten, in das er investiert; er wird Wert darauf legen, dass seine Aktie auch angemessen präsentiert wird, und zwar vom Start weg; er wird kein Verständnis mehr dafür haben, wenn für ein IPO wie im Kaufhaus für sich selbstreinigende Pfannen geworben wird.

Finanzkommunikation steht im Spannungsfeld zwischen Kapitalmarktkommunikation im engeren Sinn und der Kommunikation mit dem Retailbereich. In beiden Bereichen steht die Aktie im Wettbewerb um die Aufmerksamkeit des Marktes. Sie muss einerseits substanziell und präzise sein, andererseits aber bildhaft begreifbar machen, was die Erfolgsgeschichte ist und wie sie realisiert werden soll. Und das lässt sich nicht nur mit Zahlen vermitteln. Die Equity-Story muss man als Geschichte begreifen, die auch als solche erzählbar ist. Sie muss Orientierungsrahmen sein, innerhalb dessen die Wechselfälle und Neuigkeiten sich zu einer sinnvollen Gestalt fügen. Dies erreicht man nicht, indem man seiner Pflicht genügt, Ad-hoc-Meldungen zu veröffentlichen. Die Kommunikation braucht dazu ein klares Verständnis vom kommunikativen Wesen der Aktie. Eine Aktie ist eine Marke, aber kein klassischer Markenartikel. Sie darf als solches die Wahrnehmung des Unternehmens mit seinen geschäftlichen Aktivitäten in der Öffentlichkeit nicht dominieren. Der Umgang mit der Aktie gleicht zwar dem Umgang mit einem Produkt des Unternehmens, aber sie darf in der öffentlichen Wahrnehmung nie zum Produkt werden, das kommunikativ mit den eigentlichen Produkten konkurriert. Eine solche Entwicklung ist für beide Seiten fatal: Die Aktie wird nur noch in Bezug auf die tägliche Kursnotierung wahrgenomen, und die Produkte haben keine Chance, sich gegen diese aktuelle Relevanz und Präsenz kommunikativ durchzusetzen. Ein Beispiel für eine solche schädliche Entwicklung ist die Deutsche Telekom im Spätsommer 2001. Das Unternehmen läuft Gefahr, dass es vom Thema Aktie so dominiert wird, dass die Markenkommunikation nicht mehr durchdringt.

Aktienmarketing besteht eben nur zu einem Teil aus der Kommunikation für einen Börsengang oder Investor relations, Aktienmarketing bedeutet vielmehr das Management von Erwartungen und Beziehungen. Aktienmarketing darf nicht auf Spekulation abzielen. Aufgabe der Kommunikation ist es, das Wechselbad der Gefühle auszugleichen, deshalb sind die Botschaften bei der Aktienkommunikation permanente Puts und Calls mit dem Ziel, die Stimmungsvolatilität der Anleger zu begrenzen und aktuelle Gewinn- und Verlusterwartungen der Anleger zu relativieren. Es gilt, mögliches Fieber zwischen Angst und Gier nicht aufkommen zu lassen beziehungsweise einzugreifen, wenn es steigt. Dann kann auch die Zukunft, mit all den Beteiligungen, die am Markt gebraucht werden, erfolgreich gestaltet werden. Und dies ist nur möglich, wenn der Akteur Unternehmen seine Rolle und seine Geschichte langfristig anlegt und kontinuierlich erzählt.

Darin spielen die Vorstandvorsitzenden eine große Rolle. Sie sind nicht nur Überbringer von Nachrichten, sie machen eine Nachricht glaubwürdig und vertrauenswürdig. Für die Öffentlichkeit und für jeden einzelnen Privatanleger. Ein Vorstand ist gut beraten, die Größe der Bühne und die Menge der Scheinwerfer nicht der aktuellen Stimmung anzupassen. Er muss sie antizipieren, für sich nutzen, wenn es passt. Er darf jedoch nie Ausdruck einer Stimmung werden. Die Grenzen zwischen Vorstandsvorsitzendem und Popstar, zwischen Roadshow und Talkshow dürfen nicht verwischen. Wer Wichtiges für den Wirtschaftsteil zu sagen hat, errichtet besser eine Bannmeile zur Yellowpress.

Fazit: die Arena definieren

Anders als bei der Markenkommunikation geht es in der Unternehmenskommunikation nicht darum, die Wirkung der Kommunikation zu verstärken, sondern vor allem darum, sie zu steuern. Viel stärker als Markenkommunikation muss Unternehmenskommunikation divergierende Interessen zusammen halten. Nur wenn das Unternehmen sich als öffentlicher Akteur begreift, wird es es schaffen, die Deutungs- und Gestaltungshoheit über seine vielfältige Rolle in den Arenen zu behalten. Es darf sich nicht auf die rechtlich definierte Berichterstattungspflicht beschränken oder hinter der Branche verstecken, sondern es muss seine Akteurrolle kontinuierlich wahrnehmbar machen. Das Unternehmen darf sich dabei nicht zu stark durch Personen repräsentieren lassen. Um sich als Akteur zu profilieren, ohne permanent durch Personen zu kommunizieren, muss das Unternehmen seine Corporate Identity als Corporate Brand definieren. Unternehmenskommunikation muss ihr Handlungsrepertoire durch die Kenntnisse und Erfahrungen aus der Markenkommunikation erweitern.

In der Umsetzung heißt das: Das Unternehmen darf sich nicht durch die Arenen der Teilöffentlichkeit treiben lassen, sondern muss die Arena selber definieren. Dies ist dann möglich, wenn das Unternehmen aktiv interveniert, selber neue Impulse setzt, Themen frühzeitig aufgreift und mit Hilfe seiner Ressourcen zu öffentlichen Themen macht. Unternehmenskommunikation muss das Führungspersonal kommunikativ nutzen, ohne es in der öffentlichen Wahrnehmung abzunutzen. Eine solche Unternehmenskommunikation darf nicht von den Kommunikationsinstrumenten aus gedacht werden. Sie darf nicht durch Ressortegoismen geprägt werden. Der Corporate Brand muss verstärkt mit den Instrumenten der Werbung profiliert werden. Das Paradigma für eine so gestaltete Unternehmenskommunikation ist: Campaigning.

Kapitel V:
Campaigning und politische Kommunikation

Unsere Besuche in den Arenen der Öffentlichkeit haben gezeigt: Die Medien spiegeln ein höchst zweifelhaftes Image der Politiker und der Politik überhaupt wider. Tatsache ist, dass der Negativismus in der Berichterstattung überwiegt. Das grob gezeichnete Bild der Wertschätzung von Politik sieht etwa so aus: Politiker schaffen es nicht, Probleme zu lösen – stattdessen schieben sie sich die Schuld dafür gegenseitig in die Schuhe. Politiker beanspruchen die Herrschaft über das Gemeinwohl und verfolgen in Wirklichkeit ihren persönlichen Vorteil. Politik ist einfach ein schmutziges Geschäft! Aber was aus Sicht der Markenkommunikation wirklich unverzeihlich ist: Politiker machen schlechte Werbung. So weit, so unschön.

Was treibt uns also, in der politischen Kommunikation ein Modell für Markenkommunikation und Unternehmenskommunikation zu sehen? Wir glauben, dass Politiker sich permanent und mit dem größten Risiko in der öffentlichen Arena bewegen und sie am intensivsten für die Realisierung ihrer Ziele nutzen. Wir glauben, dass man die Existenz als Politiker nur aushalten kann, wenn man sich total auf seine öffentliche Mission committet. Und dass man eine Existenz als Politiker nur überleben kann, wenn man sich erfolgreich öffentlich bewegt. Auch wenn die Politik also häufig schlechte Werbung macht, rufen wir den Marketingleitern, Kommunikationschefs und Werbern zu: Lernt von der politischen Kommunikation, wie man in und mit der Arena erfolgreich ist. Lernt Campaigning.

Allerdings wäre es falsch, anzunehmen, dass jegliche Form politischer Kommunikation mit Campaigning gleichzusetzen ist und dass jeder Politiker der ideale Kommunikator ist. Zum Glück gibt es ein gutes und vor allem lehrreiches Beispiel von Campaigning: der Wahlkampf zur letzten Bundestagswahl. Ein Wahlkampf, der ganz besonders zur Beschäftigung mit Campaigning geeignet ist. Warum? Nun, zwar waren schon immer nicht nur die Personen und Programme Thema der Kommentatoren und Medien. Schon immer sprach man auch vom Unterhaltungswert von Wahlkämpfen. Aber noch nie wurden in Deutschland in der Öffentlichkeit die Mechanismen der Wahlkampfinszenierung derart ausführlich thematisiert wie während und nach der letzten Wahl. Wir sagen daher: Der letzte Bundestagswahlkampf hat das Bewusstsein der Öffentlichkeit über die Mechanismen öffentlicher Kommunikation sprunghaft weiterentwickelt. Und wer sich diesem Faktum nicht stellt, wird die Öffentlichkeit nicht adäquat nutzen können. Um also die Lektionen des politischen Campaigning zu lernen, beschäftigen wir uns zunächst mit dem letzten Bundestagswahlkampf. Dabei sollen auch Einsichten zur Frage abfallen, wie man politische Kommunikation mit Werbung unterstützen kann.

Hilfe, wir werden amerikanisiert!

Vom Kabarettisten Hans Dieter Hüsch wissen wir: Nach einem Besuch des Niederrheins kennt der Mensch die Antworten auf alle Fragen. Denn obwohl auch ein Niederrheiner nicht alles verstehen kann, kann er alles erklären – die Feinheiten der neuesten Digitalkamera ebenso wie die Funktionsweise eines Reißverschlusses. So gesehen entpuppte sich mancher Kommentator vor und nach der letzten Bundestagswahl als niederrheinischer Fachmann für politische Kommunikation. Denn als am 27. September 1998 der Kanzlerkandidat der SPD, Gerhard Schröder, vor das Publikum trat, um sich für den Wahlsieg zu bedanken, markierte dies in den Augen der Beobachter in zweierlei Hinsicht einen epochalen Wandel: zunächst und vor allem natürlich das Ende der 16-jährigen Amtszeit von Bundeskanzler Helmut Kohl. Dann aber auch den Erfolg einer „Amerikanisierung" des Wahlkampfes in Deutschland und damit eine grundlegende Veränderung der Kultur der politischen Auseinandersetzung. Was heißen sollte: Ab jetzt ist politische Auseinandersetzung nur noch eine Show, in der diejenigen gewinnen, die den größten Unterhaltungswert bieten. So lautet der insgesamt eher negative Tenor in den Medien.

Sicher kann man sagen, dass die Formen der politischen Kommunikation „amerikanischer" werden, wenn man damit meint, dass sie stärker personalisiert, dass politische Veranstaltungen zunehmend auf ihre Fernsehtauglichkeit hin inszeniert werden und dass alte ideologisch geprägte Auseinandersetzungen in den Hintergrund treten. Um aber zu verstehen, wie die hiesige Arena funktioniert, müssen wir genauer hinschauen. Tatsache ist: Noch nie hat eine Partei ihre Wahlkampfinszenierung und die damit verbundenen Absichten – mit Stolz! – so transparent gemacht wie die SPD im letzten Bundestagswahlkampf. Noch nie wurde dieses Thema schon während des Wahlkampfes in dieser Breite diskutiert – und zwar als Folge dieser von der SPD ausgelösten Selbstthematisierung. Diese Selbstthematisierung war der Beweis der Modernität von Partei und Personal gegenüber dem altbackenen Gegner. Die öffentlich demonstrierte Übernahme von Habitus und Methoden aus den erfolgreichen Wahlkämpfen Clintons und Blairs zeigte Fortschrittlichkeit und Weltoffenheit. Diese Offenheit war Teil der Strategie, die Auseinandersetzung im Wahlkampf zu den eigenen Gunsten zu positionieren: Der Wahlkampf wurde von einer Auseinandersetzung zwischen den altbekannten Lagern (deren Existenzberechtigung mit dem Fall der Mauer obsolet wurde) in eine Auseinandersetzung zwischen Alt und Neu umpositioniert. Und das hat ja glänzend funktioniert. Bereitwillig nahmen die Medien das Thema auf, bereitwillig identifizierte sich eine breite Mehrheit mit dem angebotenen Claim der „neuen Mitte" – und distanzierte sich so von allen Altvorderen.

Nun ist es nicht so, als ob die Strategen der SPD diese Mehrheit zur Urne geführt haben wie den Esel mit der Möhre. Vielmehr haben sie sich auf eine für den traditionell geprägten deutschen Politiker (der aufgeklärte Paternalist) neue Situation eingelassen und der „Mitte" ein neues Selbstbild zur Identifikation angeboten: Der Bürger ist nicht nur an der Wahlurne mündig, sondern auch in der Frage, ob er hingeht oder nicht, ob ihn Politik interessiert oder nicht. Der Bürger ist so mündig, dass er die Medien nicht mehr als Informations- und Unterhaltungskanäle begreift, mit dem ihm die Oberen an der allgemeinen Bildung und der Gestaltung des Gemeinwohls teilhaben lassen – nein, er nutzt sie frech und manchmal auch unkultiviert für sich selber. Der Bürger verfügt über eine Medienkompetenz und Fähigkeit zur Ironie, die es Kaisern mit und ohne Kleidern schwer macht, Eindruck zu schinden. Und die Strategie war schlüssig: Guildo Horn beim Grand Prix, Harald Schmidt, Stefan Raab etc. bis hin zu Big Brother – all diese Phänomene zeigen eines: Das Publikum entscheidet selber, wann es ernst zu sein geruht. Mit der Selbstthematisierung des eigenen Wahlkampfes hat die SPD dem Publikum so viel Intelligenz zugesprochen, wie es für sich auch bei den Late-Night-Shows in Anspruch nimmt. Das Publikum hat das gemocht.

Um keinen Irrtum aufkommen zu lassen: Wir predigen hier nicht die idealistische Vorstellung der vollständig aufgeklärten und vernunftgeleiteten Bürgergemeinschaft. Natürlich ist der Einzelne manipulierbar und verführbar, natürlich gibt es einen weit verbreiteten Konsum dumpfester und primitivster Unterhaltung. Tatsache ist aber auch: Durch die Pluralität und den Wettbewerb der Medien erfolgt im Publikum ein permanenter Selbstaufklärungsprozess über die von den Medien gesetzten Events. Dies führt dazu, dass jeder erfolgreiche Akteur in der Arena mit einem neuen Gestus auftritt, der da sagt: Ich weiß, dass ihr wisst, dass ich tue, was ich tue, um euch zu beeindrucken. Aber das mach ich doch gut, oder?

Wer dieses ironische und narzisstische Wechselspiel nicht beherrscht, hat es heutzutage schwer vor den TV-Kameras. Wer es beherrscht, hat es allerdings auch schwer, nämlich vor den Kommentatoren insbesondere der Print-Medien, die die Medientauglichkeit des heutigen Bundeskanzlers von Anbeginn skeptisch und zweifelnd begleiteten. Der Konservativismus der Journalisten und der Konservativismus der CDU stellte den Wahlkampf der SPD als bloße Show dar. Die CDU hatte keine andere Möglichkeit, auf die Strategie der SPD zu reagieren, als Kohl als bewährten Staatsmann und Schröder als Blender zu positionieren. Das ist verständlich. Aber warum hält sich in den Medien bis heute der Vorwurf, die Wahl sei durch Show entschieden worden? Denn wie Analysen der Berichterstattung über den Bundestagswahlkampf nach der Wahl zeigten, waren beide Elemente entscheidend: die mediale Performance der Kandidaten und die intensive programmatische Debatte. Tatsache ist demnach, dass Helmut Kohl mehr

TV-Präsenz hatte als der Herausforderer (als Amtsinhaber ist das so). Tatsache ist aber auch, dass mit dem berüchtigten Leipziger Parteitag der SPD im April 1998, auf der sie ihre Wahlkampfinszenierung transparent machte, die zuvor überwiegend positive Berichterstattung in den Printmedien umschlug in eine vorrangig negative Berichterstattung. Sollte es so sein, dass die Printmedien befürchteten, im Wettbewerb mit dem TV ins Hintertreffen zu geraten? Könnte es sein, dass die Debatte um „Amerikanisierung" und Show nur den Blick auf einen weiteren wesentlichen Mechanismus in den Arenen freilegt, nämlich den des Wettbewerbs der Medien? Könnte es weiter so sein, dass das Publikum im Großen und Ganzen inzwischen so kompetent ist, all dies zu durchschauen und sich je nach Bedarf bedient? Fakt ist laut den Analysen: Die ausführliche Programmatik und die Hintergründe beschafft das Publikum sich in den Printmedien, die Eindrücke von Personen und den Unterhaltungswert im TV. Fakt ist auch, dass das Publikum immer schwerer zu berechnen ist. Denn am Wahlabend sprachen alle Beobachter von einem Erdrutschsieg. Nur das Allensbacher Institut hatte das Ergebnis in etwa vorhergesagt. Und was war am Ende wohl entscheidend? Es war, so der „Medientenor" in einer Untersuchung, eine Sachfrage, nämlich die unglückliche Äußerung der damaligen Ministerin Claudia Nolte über eine mögliche Erhöhung der Mehrwertsteuer nach der Wahl. Diese Äußerung veränderte das Momentum, sie war in der Medienberichterstattung der „Tipping Point", an dem die altbackene Selbstdarstellung der CDU unglaubwürdig wurde und in sich zusammenfiel.

Erste Lektion also aus der letzten Bundestagswahl: Wir haben es mit einem medienkompetenten Publikum zu tun, und der Begriff „Amerikanisierung" verstellt diese Einsicht eher, als dass er sie fördert. Zweite Lektion: Das Publikum ist zunehmend unberechenbar, ihm steht der Sinn aber bei weitem nicht nur nach Ironie und seichter Unterhaltung. Dritte Lektion: Der Wettbewerb der Medien macht die Situation zusätzlich unkontrollierbar: Vor der Bundestagswahl, im Mai 1998, organisierte die Gesellschaft der PR-Agenturen (GPRA) unter dem Titel „The Making of ... Das Management von Medienhelden" eine Veranstaltung, auf der die veränderten Sitten der politischen Kommunikation und die neue

Spezies der „Spin-Doctors" diskutiert wurden. Dabei wurde deutlich, dass die neuen Regeln der politischen Kommunikation vor allem vom immer härteren Wettbewerb im Medienmarkt bestimmt werden. „Der Filter ist verloren gegangen. Vom Klatsch im Internet geht es oft direkt auf die Fernsehschirme", so damals Dee Dee Myers, ehemalige Pressesprecherin von Bill Clinton (Die „Lewinsky-Affaire" eilte ihrem Höhepunkt entgegen). Spätestens nach dem Regierungsumzug scheinen diese Verhältnisse auch in Deutschland um sich zu greifen. Während in Bonn der intensive Wettbewerb durch die jahrelange Kumpanei bestimmte Grenzen nicht überschritt, sind diese Dämme in Berlin nun gebrochen, wie inzwischen schon Minister – wiederum in den Medien – kommentieren.

Es ist daher falsch, die Kommentatoren der Medien zum eigentlichen Adressaten des politischen Handelns und der Kommunikation zu machen. Eine solche Orientierung ist zum Misserfolg verurteilt, denn sie zerstört die offensichtlich zentrale Ressource: die Glaubwürdigkeit. Die Kunst besteht darin, das Publikum mit Hilfe der Medien möglichst direkt zu erreichen – und nicht vor allem mit Hilfe der Kommentatoren. Wer dies schafft, gewinnt. Wer seine Kommunikation aber auf die Simulation mediengerechter Formate reduziert, wird verlieren. Und was muss man tun, um zu gewinnen? Man muss tun, was die SPD getan hat: einen Claim abstecken (Zukunft und Modernität) und ihn mit einer differenzierten Programmatik unterfüttern; eine TV-kompetente Führungsperson für die Personalisierung des Claims und der Programmatik nach vorne stellen. Sich vollständig auf den Wahlsieg committen. Und dann braucht man nur noch ein wenig Fortüne und einen Gegner, der Fehler macht. Und wenn er keine Fehler macht? Dann muss man eben welche (er)finden!

Schlechtmachen will gelernt sein – das Positive am Negative Campaigning

Über einen Bodybuilder zu sagen, er sei ein „Schwarzenegger für Arme", nun ja, das kann man machen, wenn einem nichts Schlechteres einfällt. Einen Filmstar, der sich ernsthaft um Kranke und Obdachlose kümmert, als „Mutter Theresa von Hollywood" zu bezeichnen, würde nur auf den, der es sagt, zurückfallen. Und wenn Ihnen bessere Beispiele einfallen für „Vergleichende Werbung" beziehungsweise „Negative Campaigning", dann hilft der frühere amerikanische Präsident Harry Truman. Auf die Frage, wie er den Wahlkampf gewinnen will, antwortete Truman, dass er seinen Gegnern eins überbraten will, sie fertig machen werde, „I give them hell". Dem politischen Konkurrenten die Hölle auf Erden zu bereiten ist bis heute Bestandteil dessen, was den amerikanischen Wahlkampf auszeichnet: Die Bandagen werden hart und härter, die Gürtellinie wird immer weiter nach unten verlegt. Der Grund für die Verrohung der Sitten liegt vor allem in der Erwartungshaltung des Publikums, denn in einer Gesellschaft, in der Ellenbogen den Weg nach oben ebnen, wird die Suche nach den Schwächen der Mitbewerber zum Volkssport. Gerade die oftmals überzogenen moralischen Maßstäbe verleiten dazu, den ersten Stein zu werfen auf echte und vermeintliche Sünder, und sollte der erste Stein sein Ziel verfehlen, kommt der zweite geflogen und der dritte – mit aller Macht.

Um sich dem Phänomen „Negative Campaigning" zu nähern, muss man sich in den USA umschauen. Denn die Bereitschaft, keinem Konflikt aus dem Weg zu gehen, im Gegenteil, ihn um jeden Preis zu suchen, wurde und wird dort immer mehr verstärkt durch die Personalisierung aller politischen Kampagnen. Nicht die Partei steht im Scheinwerferlicht, sondern der Kandidat. Nicht die Schwächen des Programms werden ausgeleuchtet, sondern die des Kandidaten. Nicht die Rede bewegt die Massen, sondern die Nachrede. Übel ist das? Der amerikanische Traum, dass es jeder in „God's own country" vom Tellerwäscher zum Millionär schaffen kann, ist mehr als ein Traum; er ist der Mythos vom sozialen Aufstieg, vom Ringen um Anerkennung, Macht und Geld, vom tagtäglichen Aufbruch zu neuen Ufern. Und wer aufsteigt, wer nach hartem Kampf das Licht einer „besseren" Welt entdeckt, der wird bewundert für sein Durchhaltevermögen, für seine Standhaftigkeit, für seine Finesse und Raffinesse und dafür, dass er seine Finger in Salz tauchte, bevor er sie in die Wunden des Kontrahenten bohrte.

„Negative Campaigning" ist in Amerika eine Waffe, mit der seit dem Zweiten Weltkrieg so genannte „Campaign Warriors" in den Kampf um Stimmen zogen. „Negative Campaigning" stößt hier nicht auf taube Ohren, gar auf Ablehnung oder Ekel; „Negative Campaigning" entspricht viel mehr den Erwartungshaltungen des Publikums, das bei allem Respekt immer auch Geringschätzung für sein politisches Personal empfindet. Denn es ist doch nur allzu menschlich, wenn Wähler und Wählerinnen die vermeintliche Elite nicht ganz so elitär sehen wollen, wie sie sich gibt; wenn wir Normalsterblichen erkennen, dass auch die Mächtigen nicht über alle Unwägbarkeiten des Lebens die Macht haben. „Negative Campaigning" kann ein aufklärerischer Akt sein, wenn dadurch die Verlogenheit einer Scheinmoral zu Tage tritt. Dann macht „Negative Campaigning" das Klima erträglicher, indem es verschärft wird. Und wie viel Schärfe vertragen wir in Deutschland?

In Deutschland scheinen die Uhren noch anders zu gehen. Bevor die Politiker in den Wahlkampf ziehen, schlüpfen sie in ihre staatsmännische Robe, in der sie zwar schlecht um sich hauen, dafür aber wichtig gucken können. Dann schreiben sie sich „Fairness" aufs Schild, wobei nur sie allein definieren, was fair ist und was nicht. Sollte sich jemand nicht an die von ihnen aufgestellten Benimmregeln halten, zücken sie die Karte mit der Aufschrift „Schlammschlacht" und „Kampagne". Und hier ist schon sehr bemerkenswert, dass Politiker immer dann von einer „Kampagne" reden, wenn sie nicht so dargestellt werden, wie sie dargestellt werden wollen. Jeder Angriff gilt als Sakrileg, selbstverständlich nur dann, wenn der Angriff von der gegnerischen Seite kommt. Doch durch die zunehmende Personalisierung des Wahlkampfs wird der Blick auf die Achillesferse des Gegners immer schärfer – und zur Abwehr kommt es manchmal, bevor zum Angriff geblasen wurde. Berlin ist hier eine Reise wert: Nach dem Scheitern der großen Koalition zwischen CDU und SPD bekannte sich der sozialdemokratische Spitzenkandidat Klaus Wowereit öffentlich zu seiner Homosexualität. Warum outete er sich am 10. Juni 2001? Spielte zu Beginn des dritten Jahrtausends die sexuelle Orientierung denn wirklich noch eine Rolle?

Würde das Publikum denn auch seinen Arzt, seinen Klempner oder Bäcker nach deren Vorlieben wählen? Der Grund für das Bekenntnis von Klaus Wowereit war wohl eher der, dass die SPD mit Hilfe der PDS in das Berliner Rathaus einziehen wollte. Und man wusste, dass die PDS verhindert werden soll – mit allen Mitteln. So schrieb dann auch Franz-Josef Wagner, der Chefkolumnist der „Bild"-Zeitung, dass ihn Küsse unter Männern egal seien, aber nicht, wenn die SPD die PDS küssen würde. Klaus Wowereits Bekenntnis war also ein Gegenangriff auf eine vermutete Negativkampagne („Wollen sie von schwulen Kommunisten regiert werden?")

Die Erfolge von „Negative Campaigning" geben allerdings Anlass zu größter Vorsicht: Die Berater von George Bush bewiesen schon 1988, wie man eine verloren geglaubte Wahl noch umdrehen kann – und das innerhalb von fünf Monaten: Im Mai lag George Bush in Umfragen gut sechzehn Punkte hinter seinem demokratischen Gegner Michael Dukakis zurück, im Oktober führte er mit zehn Punkten und wurde im November Präsident. Anders als bei bislang geführten Negativkampagnen, in denen negative Botschaften Dritte übermittelten, übernahm Bush selbst die Rolle des Schwarzmalers. Er warf Dukakis vor, als Gouverneur von Massachusetts die Umweltprobleme nicht gelöst zu haben. Das war nur ein kleiner Hieb, zum großen Schlag holte Bush dann Ende Juli aus: In Fernsehspots machte er Dukakis mitverantwortlich für Raub und Vergewaltigung, begangen von einem farbigen Gefängnisinsassen während eines Wochenendfreigangs. Die Botschaft an das amerikanische Volk lautete: Im Gegensatz zu Bush, der ein Befürworter der Todesstrafe ist, ist Dukakis nicht nur ein Gegner der Todesstrafe, sondern gestatte Schwerverbrechern sogar Freigänge. Bushs Campaigningberater schürten bestehende Ängste vor Raub, Vergewaltigen und Farbigen so erfolgreich, dass 49 Prozent der amerikanischen Wähler zu dem Ergebnis kamen, Dukakis sei unfähig, für die innere Sicherheit des Staates zu sorgen. Die Wähler ahnten allerdings nicht, dass Dukakis für das liberale Gefangenenprogramm überhaupt nicht verantwortlich war, sondern sein republikanischer Vorgänger; und dass dieses Programm ein großer Erfolg war, darüber wurden sie auch nicht informiert. Warum hielt Dukakis still, warum wehrte er sich nicht gegen Vorwürfe, die jeglicher Grundlage entbehrten? Wohl in dem Glauben, die Zeit würde die Wahrheit ans Licht bringen, setzte er andere Themen auf seine Agenda. Aber die Zeit war nicht auf seiner Seite. Also startete Dukakis im September, also zehn Wochen vor der Wahl, einen Aufklärungsversuch. Zu spät, um das von Bush inszenierte Negativimage loszuwerden.

Bush zog mit gutem Gewissen ins Weiße Haus ein; er hatte aus der Geschichte gelernt. Denn Negativkampagnen sind im amerikanischen Wahlkampf nicht erst seit dem letzten Jahrhundert Mittel zum Zweck, das „Mudslinging", sprich das „Wühlen im Schmutz" gehört zu den Vereinigten Staaten wie Ketchup auf Hamburger. Thomas Jefferson (1743–1826), Präsidentschaftskandidat der Republikaner, wurde aufgrund seiner religiösen Überzeugungen als Jakobiner und Atheist angeprangert. Die First Lady Abigail Adams sagte im Jahr 1800, der Wahlkampf habe genügend Skandale und Anschuldigungen hervorgebracht, „to ruin and corrupt the minds and morals of the best people in the world". Von da an wurden die gegenseitigen persönlichen Anfeindungen immer ausgeklügelter und wirkungsvoller – die politischen Themen auf der Agenda interessierten kaum noch jemanden. Schon gar nicht die Amtsinhaber und Herausforderer.

Mit diesem geschichtlichen Wissen wollte George Bush auch seinen nächsten Wahlkampf gewinnen. Diesmal hieß sein Gegner Bill Clinton. Obwohl die wirtschaftliche Situation der Vereinigten Staaten 1992 rosig war -- Inflationsrate und Arbeitslosenquote konnten sich sehen lassen –, startete Clinton eine Kampagne, in der er sich auf die ökonomische Situation fokussierte. Der Grund? Umfragen hatten ergeben, dass die Mehrheit der Amerikaner unsicher war, ob denn die guten Aussichten gut blieben oder nicht sogar verbessert werden könnten. Bill Clinton legte der Öffentlichkeit einen Finanzplan vor und forderte die Wähler auf, ihn anzurufen: „Call my 800 number", „Read my plan". Das Wahlvolk war begeistert, Clinton verbesserte sich von 16 auf 33 Prozent.

Und was tat Bush? Verwies der Amtsinhaber auf die ihm zu verdankenden wirtschaftlichen Erfolge? Nein. Wie schon 1988 entschied er sich für eine Negativkampagne. Bushs Campaigningmanager präsentierten Clinton als privilegierten Amerikaner, der von den finanziellen Nöten des Durchschnittsamerikaners keine Ahnung habe und der nicht mal sein Volk verteidigt hätte, als es darauf ankam – in Vietnam. Anders als Dukakis zögerte Clinton nicht. Er startete eine „Kampagne in der Kampagne" mit der Aufforderung: „Give me a second look." Sich ihn noch einmal anzuschauen, dazu hatten die Amerikaner dann reichlich Gelegenheit. Clinton trat nicht nur mehr in Nachrichtensendungen auf, sondern auch in Talkshows und „Call-in-Shows". Hier hatte er nicht nur die Möglichkeit zu „Sound Bites", sondern zu längeren Statements, in denen er seinen Finanzplan mit seiner Vergangenheit verknüpfte, die natürlich sehr viel ärmlicher war als von Bush dargestellt. Upper Class? Keine Spur! Harte Arbeit und Entbehrung hießen die Pfeiler seines Erfolgs. Ja, und 84 Prozent der Wähler glaubten ihm. Bush hingegen glaubte, Clinton als Werkzeug der Russen hinstellen zu müssen, denn schließlich war dieser mal als Student in Moskau. Doch diesmal schlug die Negativkampagne fehl. Ihre ökonomische Zukunft, die Clinton verbessern wollte, war den Wählern wichtiger als seine Vergangenheit. Und auf Bush schlug ein anderes Risiko des „Negative Campaigning" zurück: Das Publikum liebt den Verrat, aber nicht den Verräter.

Bill Clinton hatte – anders als Michael Dukakis – sehr früh auf die Attacken des Gegners geantwortet. Aber noch effektiver als Reaktionen auf Angriffe sind präventive Maßnahmen, die dem Gegner bereits im Vorfeld den Wind aus den Segeln nehmen. Denn generell gilt: Ein Gegenangriff kann meist nur für Schadensbegrenzung sorgen, denn wenn man seinem Gegner eine Attacke gestattet, hat dieser schon die Chance, das eigene Bild in düsteren Farben zu malen. Es ist erfolgversprechender, wenn Kandidaten und ihre Campaigningberater alle möglichen eigenen Schwächen identifizieren, um anschließend mögliche Negativ-Botschaften zu definieren, die dann noch vor dem zu erwartenden Angriff des Gegners veröffentlicht werden.

Und damit sind wir wieder in Berlin und bei der Frage: Ist „Negative Campaigning" auch in Deutschland der Schlüssel zum Wahlerfolg? Aber natürlich, und das schon lange. Allerdings haben sich die Negativkampagnen hier eher auf Parteien und Programme bezogen als auf Personen: Die Stichworte „Rote Socken" und „Schwarzgeldkonten" sollten als sachdienliche Hinweise reichen. Neu ist, dass das politische Führungspersonal zunehmend ins Visier gerät: zunächst mit dem allgemeinen Korruptionsverdacht (Hat der Außenminister vor 25 Jahren vielleicht mit einer Terroristin gefrühstückt? Hat die Frau des Ministerpräsidenten den Dienstwagen für private Einkäufe genutzt und die Kilometer nicht abgerechnet?), aber zunehmend auch die Person als solche: schwul, Sauerländer, Yuppie. „Erlaubt ist, was missfällt" – mit diesem Wahlkampfmotto arbeiten heute alle Parteien.

Und was lernt die Marken- und Unternehmenskommunikation daraus? Bill Clinton hat die Angriffe umgewertet und ihre Substanz in ein stimmiges Rollenkonzept seiner selbst integriert. So hat es auch Klaus Wowereit mit dem frühzeitigen Bekenntnis zu seiner Homosexualität getan. Gegen „Negative Campaigning" hilft nicht Ehrpusseligkeit, sondern nur Schnelligkeit, Unerschrockenheit und Konsequenz. Wir sagen: Mit den neuen Regeln zur vergleichenden Werbung ist „Negative Campaigning" Chance und Risiko auch in der Markenkommunikation.

Politik ist nicht Markenkommunikation

Wahlkämpfe, Machtkämpfe, Schlammschlachten – hochinteressant und lehrreich, aber weit entfernt von der Realität in Wirtschaft und Gesellschaft? Campaigning ist gut für Politiker, aber nicht für die Markenkommunikation? So einfach ist es nicht. Wenn wir über Campaigning sprechen, meinen wir nicht nur Wahlkampf. Denn der Wahlkampf hört irgendwann auf, und es verändern sich die Dinge entscheidend. So konnte man es auch am Abend der letzten Bundestagswahl sehen, als der Kandidat der SPD sich vor der Kamera in den künftigen Bundeskanzler verwandelte. Bis zu diesem Zeitpunkt sah man ihn nur perfekt ausgeleuchtet vor dem kameratauglichen Kampagnendesign.

Nun quälte er sich plötzlich schwitzend durch die Masse der Gratulanten. Vorher warb er für sich und seine Ideen. Nun musste er um die werben, die ihn nicht gewählt haben. Der Wahlsieg macht das erfolgreiche Rollenkonzept im Augenblick des Sieges obsolet und aus der symphatischen Person einen führenden Repräsentanten der Bundesrepublik Deutschland, der auf den Schultern großer Kanzler steht und sich mit ihnen nun im Amt vergleichen lassen muss. Der SPD ist, so lässt sich rückblickend ohne Besserwisserei sagen, vielleicht aufgrund der hohen Professionalität der Kampagnenführung im Wahlkampf der Umstieg auf die politische Kommunikation im Amt sehr schwer gefallen. Es gab in der Geschichte der Bundesrepublik keine neue Regierung, die so schnell so schlecht in den Medien dastand. Beides: Der erfolgreiche Wahlkampf und die kommunikative Krise danach belebten die Debatte über politische Kommunikation weiter.

Im Gefolge des Geredes von der Amerikanisierung (als PR-Strategie zur Verteidigung eigener Pfründe) fand auch eine Debatte über die „Professionalisierung" der politischen Kommunikation statt. Während die „Amerikanisierung" ein Lieblingsthema der (Print)-Journalisten ist, beschäftigen sich die Werber und Berater am liebsten mit dem Thema „Politik als Marke" – und liegen leider häufig ebenso daneben. So ließ im Herbst des Jahres 1999 die ZEIT den Chef einer großen Werbeagentur in einem Interview erläutern, wie er die Vermittlungsprobleme der Regierung lösen würde: „Das Vokabular der Politiker muss ersetzt werden durch das Vokabular geschulter Kommunikatoren" und „Werbung darf eben nicht aus der Sicht einer Partei oder der Regierung geschrieben werden". Die Zeit resümiert: Politik ist wie ein Konsumprodukt. Der Irrtum, der sich hinter diesen Aussagen verbirgt, beruht auf dem unzulänglichen Verständnis von politischer Kommunikation. Schon die Gleichsetzung von Parteien und Regierung im Begriff „Politiker" ist völlig verfehlt. Eine Partei steht zunächst für sich selbst, eine Regierung repräsentiert nicht nur die sie tragenden Parteien, sondern den Staat, und dies gegenüber allen Gruppen der Gesellschaft – und nicht zuletzt auch nach außen. Natürlich muss die Sicht der Regierung eben doch ihre Werbung definieren – sie ist schließlich gewählt worden, Probleme zu lösen und Zukunft zu gestalten. Deswegen erfahren die Bürger schon gerne von ihrer Regierung, was deren Sicht ist. Und das Publikum möchte auch, dass sie ihm die Dinge erklärt.

Aber auch Vertreter der Politik selber übernahmen diese Sichtweise: Im Werbefachblatt HORIZONT vom 27.4.2000 wird Herbert Reul, Generalsekretär der CDU in NRW, mit folgender Einsicht zitiert: „Politische Kommunikation unterliegt denselben Prinzipien wie Werbung für Konsumgüter." So ermutigt titelt der Redakteur auf der 1. Seite: „Die Politik avanciert zu einem Markenartikel". Was heißt avanciert? Entflieht der Verbraucher mit „Kinder statt Inder" nun der schmuddeligen Realität in die schönen Lifestyle-Welten der Markenartikler? Ins „Ich bin doch nicht blöd"-Universum? Dorthin, wo der Strom gelb ist und die Kühe lila? Von welchen Prinzipien wird hier gesprochen?

Unter der nicht weniger zweifelhaften Headline „Politikwerbung wird salonfähig" wird im Innenteil derselben Ausgabe Mathias Machnig, der Bundesgeschäftsführer der SPD, zitiert: Ziel der SPD-Wahlkampfkampagne sei es, „die Inhalte des Parteiprogramms nicht nur intellektuell, sondern auch emotional zu vermitteln". Emotionalisierung ist zwar ein Prinzip der Markenkommunikation, aber in der politischen Kommunikation ist das doch ein ganz alter Hut. Oder war „Willi wählen" etwa eine intellektuelle Kampagne? Erfreulicherweise kommt Machnig auf gleicher Seite noch in einem kurzen Interview zu Wort und macht den Unterschied von politischer Kommunikation und Markenkommunikation deutlich: „Politische Produkte verändern sich durch aktuelle Ereignisse schneller als Markenartikel. Und Politik ist ohnehin ein öffentliches Ereignis. Dabei muss die Kommunikation auf das Tagesgeschehen und die Parteivertreter abgestimmt werden. Überdies handelt es sich um ein heterogenes Produkt, für das ein einheitliches Profil entwickelt werden muss."

Was also soll das Gerede von „Politik als Marke"? Es schwächt die Glaubwürdigkeit der politischen Kommunikation und versperrt den

Blick dafür, was Markenkommunikation und politische Kommunikation wirklich voneinander lernen können. Denn ein Blick auf die andere Seite zeigt: Da hat es ein Markenartikler zunächst einfach leichter. Er kann sein Produkt optimal dirigieren, Negativkampagnen von Wettbewerbern kann er juristisch empfindlich verfolgen, die Abläufe am Markt sind (je nach Produkt) vergleichsweise vorhersehbar und planbar, die Persönlichkeiten der Unternehmensführung sind in der Regel kein zentrales Element der Markenprofilierung – und er hat einfach größere Budgets. Mit Marken wird eben Geld verdient. Mit Politik nicht wirklich. Das verändert den Kern der Sache: Worüber Bernd Michael sprach, war die häufig immer noch bedauerliche Qualität politischer Werbung. Dass hier die Politik viel von der Markenkommunikation lernen kann, dürfte nicht abzustreiten sein. Aber der Ball liegt im Feld der Werber: Sie müssen verstehen lernen, wie politische Kommunikation funktioniert, um ihre instrumentelle und kreative Kompetenz sinnvoll einzubringen.

Umgekehrt können sie für die Markenkommunikation unendlich viel von der politischen Kommunikation lernen. Denn die symbolische Interaktion steht in der Politik schon immer im Vordergrund und ist viel komplexer als in der Markenkommunikation. Beherrschende Kategorien sind „Macht", „politischer Wille" und „politische Identität", es geht um persönliche Sympathie und Antipathie, um Glaubwürdigkeit und Vertrauen, aber auch um „Kompromiss" und „Interessen". In der politischen Kommunikation werden Dramen aufgeführt, die ohne Sieg und Niederlage nicht zu denken sind. Auch wenn der Marketingdirektor einer größeren Brauerei mehr verdient als Ministerpräsident Clement und sein Werbebudget fünf mal höher ist als das der SPD in NRW – es werden nicht zehn Kameras am Tor stehen, wenn er sein neues Produkt vorstellt, und er wird kein Interview in der Primetime platzieren. Außer vielleicht, wenn sein Bier vergiftet wurde und er die Öffentlichkeit nicht rechtzeitig informiert hat. Auch wenn der Marketingleiter gerne davon spricht, dass er seinem Produkt eine „Persönlichkeit" geben will – die kommunikativen Risiken, seine Marke als öffentlichen Akteur analog zu einem Politiker in die Arena zu schicken, wird er so lange wie möglich meiden. Nur in Branchen mit Hyperwettbewerb kann man schon Ähnliches beobachten. Aber dazu unten mehr.

Campaigning nach dem Amtsantritt – die Rolle der Werbung

Werbung kann künftig in der politischen Kommunikation eine bedeutende Rolle spielen, wenn die Werber nicht versuchen, den Politikern politische Kommunikation zu erklären, sondern wie Werbung als Teil der politischen Kommunikation ihren Beitrag zum Erfolg leisten kann. Und dass dieser Beitrag wirksam ist, zeigen die Ereignisse nach der Wahl. Sicher, die Menschen gehen immer spielerischer und ironischer mit den Medien, den Medienrealitäten um. Vielleicht verführte dies und der Erfolg des Wahlkampfes den nun gewählten Bundeskanzler im Frühling seines Wahlsieges zur Hochglanz-Fotostrecke mit Brioni und Zigarre. Jedenfalls konnten wir alle lernen, dass dieser Schuss nach hinten losging. Bei den Landtagswahlen in NRW zeigte die CDU Wahlplakate mit einem Zigarre paffenden Kanzler und der Headline „Benzin 2 Mark – Wie war ich, Doris?". Und während solche Ironie am Kandidaten abprallte, wird der Amtsinhaber beschädigt (aber auch das Amt). Die politische Kommunikation lässt sich auf das ironische Spiel mit den Medien ein – und verliert die Glaubwürdigkeit, wenn sie sich darauf reduziert. Aber wie geht nun politische Kommunikation nach dem Amtsantritt?

Dies ist der Punkt, an dem man die Frage stellen muss, welche Rolle Werbung in der Regierungskommunikation sinnvollerweise spielen sollte. Anzeigen etwa sind taktische Instrumente in der tagespolitischen Debatte. Sie dürfen gleichwohl nicht argumentativ die redaktionelle Berichterstattung konterkarieren. Dies wäre unglaubwürdig: Der Leser der Tageszeitung glaubt dem Redakteur mehr als dem Werbetexter der Bundesregierung. Und dann ist da noch die Frage, welche Rolle Werbung in der Regierungskommunikation spielen darf. Schließlich dürfen die mageren Kommunikationsbudgets der Bundesregierung nur zur sachlichen Information der Bevölkerung genutzt werden.

Vielleicht erinnert sich der Leser noch an die Anzeige der Bundesregierung zur Doppelpasskampagne mit Becker, Gottschalk und Westernhagen. Mit Hilfe dreier Testimonials warb die neue Bundesregierung für Weltoffenheit und ihr neues Gesetz, das die Integration der Ausländer in Deutschland voranbringen sollte. Kommunikativ war dies gutes Campaigning im Amt. Kommunikativ machte die Regierung mit dieser Anzeige Punkte bei der „neuen Mitte". Zwar konnte sie nicht verdecken, dass sie mit den großen Sachfragen nicht weiterkommt. Den Wahlerfolg in Hessen brachte die populistische Anti-Doppelpasskampagne des heutigen Ministerpräsidenten Koch. (Eine modifizierte Doppelpassregelung hat die Regierung trotzdem durchgesetzt.) Dennoch ist die Anzeige ein Beispiel schlauer politischer Kommunikation. Sie wurde nämlich in der Politik und im redaktionellen Raum selber zum Gegenstand von Kontroversen. Damit gab sie den politischen Akteuren Gelegenheit, die eigenen Vorhaben zu verargumentieren. So konnte die Anzeige der Debatte einen neuen Spin geben und ihre Wirkung vervielfältigen. Andererseits war der Kern der Kontroverse, ob die Regierung im Rahmen ihres Informationsauftrages solche Werbung überhaupt machen darf. Und dies wirft ein bezeichnendes Licht auf die eng gesetzten strukturellen und rechtlichen Rahmenbedingungen, innerhalb derer die Regierungskommunikation erfolgen muss. Diese Technik, mit einem kreativen Motiv eine öffentliche Diskussion zu provozieren, kann auch nach hinten losgehen. Das zeigte die Plakataktion der CDU, bei der Bundeskanzler Schröder in Form eines Fahndungsfotos missbraucht wurde. Dieses Beispiel verdeutlicht: Die Kunst des Campaigning lässt sich nicht auf Technik reduzieren, sondern beruht vor allem auf dem richtigen Gefühl für das rollenadäquate Verhalten.

Und dann gibt es noch die Themen des grauen Regierungs- und Verwaltungsalltags, die ebenfalls der kommunikativen Vermittlung bedürfen, von denen kein Journalist etwas wissen will, weil es keine dramatischen Wettkämpfe zwischen Personen gibt und keine peinlichen Hintergründe, die man aufdecken könnte. Wir behaupten, dass die Prinzipien des Campaigning sich auch auf solche Themen anwenden lassen. Wir behaupten, dass Werbung nicht nur funktioniert, wenn sie mit millionenschweren Mediabudgets arbeiten kann. Und wir behaupten, dass man solche Themen auch erfolgreich kommunizieren kann, wenn es der Minister oder gar der Kanzler nicht mit dem ganzen Gewicht seiner Person unterstützt.

Hier kommt den Instrumenten der Werbung eine zentrale Rolle zu: Sie muss das Thema „markieren". Markieren heißt: Das Thema braucht einen Claim, der sich sowohl kreativ umsetzen lässt als auch in der redaktionellen Berichterstattung funktioniert, d. h., aufgenommen wird – eine besondere Herausforderung an die Texter! Das Thema braucht ein klares Kampagnendesign als visuelle Repräsentanz – auch dies sollte sowohl werblich als auch redaktionell nutzbar sein. Und beides – visueller Auftritt und Claim – sollte so angelegt sein, dass sich potenzielle Kooperationspartner aus Wirtschaft und Gesellschaft nicht nur das Thema, sondern auch die Kampagne zu Eigen machen.

Fazit: Die Marketingkommunikation kann viel von der Politik lernen, denn die Politik hat viel vom Marketing gelernt. Wenn sich politische Kommunikation allerdings ausschließlich am „Wahlkampf" orientiert, unterschlägt sie wichtige politische Faktoren und wird unglaubwürdig. „Campaigning" nach dem Amtsantritt ist etwas anderes als Campaigning zur Wahl. Aus beiden Modellen aber können Unternehmen und Marken wichtige Schlüsse ziehen.

Kapitel VI:
Organisation von Campaigning – Commitment ist alles

„Campaigning" – irgendwie klingt das doch sehr genialisch und nicht nach Management. Gemessen an den Vorgaben mancher Strategieschulen klingt es jedenfalls vage. In unserem Verständnis ist Campaigning jedoch eine Strategie, die sich aus der Praxis herausbildet. Die allesamt löblichen Versuche, „integrierte Kommunikation" als Managementsystem analytisch und organisatorisch zu beschreiben, führen zu einer Komplexität, die an der Realität scheitert. So zumindest das Ergebnis der lesenswerten Untersuchungen von Manfred Bruhn. Sein Fazit: Kaum ein Praktiker leugnet die Notwendigkeit, integriert zu kommunizieren. Aber die Umsetzung scheitert in der Regel an Ressortegoismen und organisatorischen Problemen.

Dabei zeigt die bisherige Auseinandersetzung mit der Situation in den Arenen, dass die professionelle Kommunikation von zwei Seiten unter Feuer gerät: Einerseits erwartet eine verunsicherte Öffentlichkeit Verlässlichkeit und Stabilität, andererseits verändern sich die Dinge heute so schnell, dass die Zeit für Planung und Organisation von Kampagnen und Aktivitäten immer kürzer werden. Dies sind die beiden zentralen strategischen Herausforderungen für die professionelle Kommunikation. Es entsteht die Gefahr, nur noch zu reagieren und an die Wand gespielt zu werden.

Mit unserem Verständnis von Campaigning wollen wir beiden Herausforderungen gerecht werden. Campaigning ist – managementstrategisch gesprochen – die Verbindung einer Positionierungsstrategie mit einer sich im Prozess herausbildenden und verändernden Kommunikationsstrategie. Dies kristallisiert sich im Begriff des „öffentlichen Akteurs". Campaigning ist Marketing konsequent weitergedacht: Welche Themen sind relevant? Welche Themenkonjunkturen kann man erwarten? Welche Themen kann man nutzen, welche sollte man meiden, welche kann man setzen? Mit welchen Freunden kann man sich verbünden, welche Gegner eignen sich zur Eigenprofilierung, welche sollte man nicht mal ignorieren – und welchen muss man sich wohl oder übel stellen?

Kann man das organisieren? Kann man das delegieren? Klar kann man, man muss nur wollen. Wohlgemerkt: Es geht uns nicht um ein kompliziertes neues Managementsystem, es geht im Gegenteil um Einfachheit, d. h. Entschlossenheit, die Situation in den öffentlichen Arenen zu akzeptieren und zu nutzen. Die Organisation von Campaigning ist zunächst eine Frage der Einstellung: Offenheit gegenüber allen öffentlichen und gesellschaftlichen Phänomenen und gleichzeitige Entschlossenheit, in der öffentlichen Arena eine klare Position zu markieren. Wie das zu organisieren ist, sieht im Einzelfall jeweils anders aus: Es liegt im Wesen der Sache, Campaigning pragmatisch und projektorientiert zu organisieren. Dass diese Forderung nicht leicht mit der Realität der Ressortegoismen in Unternehmen und Agenturen zu vereinbaren ist, das ist uns klar.

Die organisatorische Voraussetzung von Campaigning ist jedoch erst gegeben, wenn alle professionellen Ressourcen für die Kommunikation vorhanden sind, von der Marktforschung über die Mediaplanung bis zu den Fachleuten für Werbung, PR, Sponsoring etc. All diese Eggheads, Spin-Doctors und kreativen Diven zur Zusammenarbeit zu bewegen, ist gewiss nicht einfach, aber auch kein Zauberwerk. Dazu muss nur der Schritt der Entwicklung der übergreifenden Idee klar getrennt werden von der Umsetzung dieser Idee. Für den ersten Schritt müssen sich alle aus ihrer operativen Funktion lösen, aber ihre gesamte operative Erfahrung einbringen. Die Idee wird in einem kokreativen Prozess entwickelt, und sie muss vor ihrer Verabschiedung allen Fragen aus den verschiedenen Gewerken auf plausible Weise standhalten. Im zweiten Schritt geht jeder wieder an sein Handwerk und setzt die Idee um. Projektmanagement ist eine seit Jahren gelernte und erfolgreiche Organisationsform zur Bewältigung solcher Herausforderungen. Alles, was man über Projektmanagement gelernt hat, ist hier anwendbar. Besonders zu beachten sind aber zwei Regeln: Commitment ist alles, d. h. alle Beteiligten müssen auf die übergreifende Strategie und den übergreifenden Erfolg verpflichtet werden. Und: Das Bessere schlägt das Gute, d. h. jeder „darf" unabhängig von seinem Ressort Ideen einbringen und Verbesserungsvorschläge machen – und diese sollten tunlichst berücksichtigt werden.

Sicher, wie in der Literatur immer betont wird: Die Einführung von Projektmanagement verändert die Organisationskultur im Kern. Aber wir sind der Auffassung, dass dies erstens erforderlich und zweitens schon Teil der Lösung ist. Erfolgreiches Projektmanagement unter Einbeziehung aller jeweils erforderlichen fachlichen Ressourcen und Ressorts einer Organisation macht sie im Ergebnis zum lebendigen Akteur, denn sie entwickelt ein facettenreiches Selbstbewusstsein über ihre Situation und ihre Möglichkeiten. Commitment ist alles, sagen wir, und um zu zeigen, dass es geht und wie man Commitment organisieren kann, beschäftigen wir uns mit drei Beispielen: der katholischen Kirche, mit Corporate Identity und mit dem „Warroom" im Wahlkampf.

„Campaigning" mit Papst Gregor XV.

Vorab: Wir betrachten die Aktivitäten der katholischen Kirche aus rein organisatorischer und kommunikativer Sicht – und beabsichtigen weder, ein Urteil über Glaubensinhalte zu fällen, noch die religiösen Gefühle der Leser zu verletzen. Wir nehmen das Beispiel der Kirche, weil sie als erste Institution eine global agierende Organisation geschaffen hat, um ihre Inhalte, also den Glauben, zu verbreiten.

Im Februar 1621 hatte Kardinal Ludovisi das obere Ende der Karriereleiter erreicht: Als Gregor XV. bestieg er den päpstlichen Thron. Nun endlich hatte er nicht nur die Würde, sondern auch die Macht, den katholischen Glauben in jeden Winkel der noch ungläubigen Welt tragen zu lassen. Also errichtete Gregor XV. an Epiphanie anno 1622 (für Heiden war das der 6. Januar) eine Kongregation von 13 Kardinälen und 2 Prälaten mit ihrem Sekretär und sprach zu ihnen: „In der Einsicht, dass der Hauptgegenstand des Hirtenamtes die Verbreitung des christlichen Glaubens sei, durch den die Menschen zur Erkenntnis und Verehrung des wahren Gottes geführt werden, sollt ihr das Wort des Herren verkünden." Schon acht Tage später, am 14. Januar, hielt die „Congregatio de Propaganda Fide" (Kongregation zur Verbreitung des Glaubens) im Palast des Kardinal Sauli ihre erste Sitzung (Managementmeeting) ab, in welcher die Kardinäle und Prälaten den frommen Eifer

Seiner Heiligkeit „in dieser herrlichen und des Papstes würdigen Tat" lobten und nach sorgfältiger Erörterung des einzuschlagenden Modus folgende Beschlüsse zur Organisation und Umsetzung des päpstlichen Willens fassten:

- Es sollte eine Bulle für die Kongregation mit Fakultäten und Privilegien abgefasst werden, wie es durch frühere Päpste bei Errichtung anderer Kongregationen geschehen war. (Kompetenzen definieren)
- Die Kardinäle Sauli und Barberini erhielten den Auftrag, an die Einkünfte für die Kongregation und an ein Haus oder einen Palast zu ihrer äußeren Fundierung und zur Unterbringung der Bekehrten und Zöglinge zu denken. (Budget und logistische Struktur sicherstellen)
- Zweimal im Monat hatten sich die Mitglieder jeweils am Montag zu versammeln, vorausgesetzt es kam kein Konsistorium dazwischen, also die Plenarversammlung der Kardinäle unter Vorsitz des Papstes. (Managementprozess festlegen)
- Der Erzbischof von Cosenza sollte gebeten werden, die unter Clemens VIII. in einer ähnlichen Kongregation über die Glaubensverbreitung angefertigten und bei ihm vorhandenen Schriftstücke dem Sekretär zu übergeben. (Benchmarking)
- Die Ordensgeneräle waren schriftlich, die Anwesenden mündlich aufzufordern, den Stand ihrer Missionen der Häretiker/Ketzer und Ungläubigen mitzuteilen. (Marktforschung)
- Den apostolischen Nuntien schreiben, dass sie über den Religionsstand in ihren Ländern berichten sollten und nach Einziehung von Erkundigungen bei den Sachverständigen der Kongregation die Mittel zur Glaubensverbreitung daselbst kundgeben. (Umsetzung delegieren)

Um die Glaubensverbreitung zu verbessern, wollte die neue Kongregation also zuallererst eine möglichst umfassende Idee von der Kirche in den Missionierungsländern gewinnen. Deshalb startete sie eine Umfrage unter den päpstlichen Gesandten der missionarischen Religionsorden, den Nuntien, Bischöfen und Generälen, in der sie präzise Informationen forderte. Die Kardinäle der Kongregation wollten alles wissen, alles: Zustand der Kirche und politische Situation und die jeweils verbreiteten Sprachen und den Stand der Alphabetisierung; sie wollten darüber hinaus Auskunft haben über die Bräuche, die wirtschaftlichen und sozialen Bedingungen, über die Erziehung, über die Literatur, die Handelsbeziehungen, die Geographie, das Klima, und natürlich wollten sie sehr genau Bescheid wissen über die dortigen Religionen und praktizierten Glaubensrichtungen. Außerdem verlangten sie eine exakte Einschätzung der jeweils eingesetzten Missionare in den Ländern, ihre Verteilung, Berichte über deren persönlichen Eifer für die Sache, ihre Sprachkenntnisse und ihr moralisches Verhalten.

Diese riesige Untersuchung verschaffte der Kongregation ein bis dahin noch nie erreichtes Informationsniveau zum Zustand der Kirche. Die Kardinäle sorgten nun dafür, dass dieser Wissensstand ständig aktualisiert wurde, die Umfrage also keine einmalige Handlung blieb, sondern praktisch zum täglichen Brot gehörte. Der Sekretär Ignoli zeichnete verantwortlich für den reibungslosen Verlauf dieser Befragung und die strikte Einhaltung der Verordnungen, denn er glaubte fest daran, dass nur durch genaue Information ein Erfolg in der flächendeckenden Glaubensverbreitung zu erreichen war. Gleichzeitig hatte er bereits eine niedergeschriebene Erfolgsgeschichte der Kirche und Missionierung im Sinn.

Der erste Bericht kam von Vittorio im Januar des Jahres 1622. Darin machte Vittorio einen Vorschlag, wie man die orientalischen Christen, die Juden und Mohammedaner vom Eintritt in die katholische Kirche überzeugen könne: durch Kreuzzüge, Verbreitung von Büchern und der Ausbreitung der Predigt. Vittorio vermied in seinem Bericht das Wort Missionar, denn diese sollten vollständig die lokalen Sprachen beherrschen. Am geeignetsten erschienen ihm Einheimische, da sie die Gewohnheiten der zu bekehrenden Menschen kannten und keine Anpassungsschwierigkeiten hätten. Und Vittorio befahl, man dürfe die Menschen auf keinen Fall ungläubig nennen und in nichts beleidigen. Die Priester hingegen müssten bereit sein, Beleidigungen und Demütigungen zu ertragen.

Die Kongregation sprach die Empfehlung aus, lokal möglichst viele missionarische Priester zu gewinnen, um noch mehr Heiden vom katholischen Glauben zu überzeugen; diese sollten eine fundierte Ausbildung erhalten, vor allem in der Sprache und in dialektischer Theologie; außerdem sollten die Priester eine eigene Druckerei gründen, die dort erstellten Bücher verbreiten, übersetzt in sämtliche Nationalsprachen. So sollte die Glaubensverbreitung vorangetrieben werden, ohne Hindernisse wie Unerfahrenheit und Sprachmangel, mit dem positiven Nebeneffekt, auch den eigennützigen Geschäftssinn zu schärfen.

Aus Afrika, Asien und Brasilien kamen allerdings bald keine frohen Botschaften. Die Rückschritte in der Überzeugungsarbeit wurden immer größer. Schuld seien die portugiesischen Missionare, die eher Reichtum im Sinn hätten als Glaubensverbreitung. Wie schaffte es Gregor XV. trotz aller Widrigkeiten, den katholischen Glauben zu verbreiten? Indem er nun seine Leute anwies, die Religiösen dürfen keinen Handel betreiben, und nur motivierte Missionare sollten in die Fremde geschickt werden. Des Weiteren gab er den Tipp, die zügige Gründung von Diözesen würde zum Ziel führen.

Ignolis Gesamtbericht fiel noch schlechter aus als der seiner afrikanischen Brüder: Bischöfe und Priester sprächen keine Fremdsprachen, die Diözesen seien zu groß, die Religionsträger mischten sich in die Politik und in zivile Gerichtsbarkeit ein, woraufhin Staatsangestellte ihre Nase in religiöse Angelegenheiten steckten. Wohin er sah, überall Korruption und Geldgier, und noch schlimmer für den katholischen Glauben: Einheimischen wurde verboten, Priester zu werden. Doch so groß die Probleme auch schienen, es gab für jedes einen Lösungsvorschlag: Einheit der Kirche; Handelsverbot; nur kompetente und motivierte Missionare entsenden; Aufnahme von Einheimischen in den Klerus; Bewahrung der kulturellen Selbstständigkeit in der außereuropäischen Welt. Die Tätigkeit der Missionare vom Kolonialismus befreien; die Grundlage der Propaganda auf ein spirituelles Niveau heben. Die Missionare müssten sich von weltlichen Sorgen befreien und nur den Glauben propagieren. Missionare sollten sich nicht in politische

Themen einmischen, was bei Propaganda leicht gesagt und kaum getan werden kann. Die Missionare dürfen die Entscheidungen der politischen Autoritäten nicht kritisieren. Handelsverbot für Missionare. Vor der Abreise sollte die Integrität und Sittenreinheit der Missionare geprüft werden; zum Reisegepäck sollte die intellektuelle Vorbereitung in Sprache, Literatur und Philosophie gehören.

Die Ausbildung im eigenen Land, unter bescheidenen Verhältnissen, galt als ideal. So lernten die künftigen Missionare gar nicht erst den Luxus von Rom kennen. Außerdem konnte man für das gleiche Geld im Ausland mehrere Schüler ausbilden. Die Idee der Ureinwohner-Missionare stand im Zentrum der Kongregation und stellte ein besonderes Problem dar: Der Bischof von Mexiko bat um Erlaubnis, auch Mischlinge als Priester zu ernennen. Wenig später stellte sich das gleiche Problem mit den Indianern. Die südamerikanischen Konzile gaben vor, dass Indianer ungeeignet wären und ließen sie zum religiösen Leben gar nicht zu. Überall errichtete man Hürden für Indianer. Der eigentliche Grund für die Diskriminierung war der, dass die europäischen Priester ihre Privilegien und Einkünfte nicht teilen oder verlieren wollten oder sogar Angst hatten, das Land verlassen zu müssen. Die Priester führten stets die Trunksucht der Indianer als Beleg für deren Ungeeignetheit zum Priestertum an. Was sie natürlich verschwiegen: Die Indianer neigten überhaupt nicht zum Alkoholgenuss, die Priester waren es, die sie dazu verleiteten, ihr letztes Geld in den Tavernen für Schnaps auszugeben.

Den Missionaren gab die Kongregation folgende Anleitung mit auf den Weg in die Missionierungsländer: „Hütet Euch, den Menschen Ratschläge zu geben, dass sie Rituale, Bräuche oder Sitten ändern, sofern sie nicht völlig gegen die guten Sitten sind. Was wäre absurder, als Frankreich oder Italien auch in China einzuführen? Ihr sollt aber den Glauben einführen."

Der Rest ist Geschichte – und was zeigt die Geschichte? Commitment ist alles und Commitment gibt es nur, wenn sich eine Organisation mit der vollen Unterstützung des höchsten Repräsentanten vollständig einer Aufgabe stellt – und sich dabei konsequent auf die äußeren Rahmenbedingungen einlässt. Systematisch arbeitete die kirchliche Organisation an ihrer Glaubwürdigkeit und war bereit, sich dafür zu öffnen und zu verändern. Der Papst gestaltete einen Veränderungsprozess durch die geschickte Verbindung von eindeutiger Position mit prozesshafter Flexibilität.

Sicher, die Mitarbeiter eines Unternehmens arbeiten nicht für Gottes Lohn, eben so wenig wie das Unternehmen selber. Aber ihr Commitment muss auch nicht bis in den Tod gelten, wie es für manch armen Missionar der Fall war. Und natürlich hatte die Kirche über viele Jahrhunderte einen unglaublich starken „Markenkern" gebildet, der viele Widersprüche aushielt und immer noch aushält. Dennoch: Ihr Erfolg beruhte seinerzeit auf einer Glaubwürdigkeit, die sie erst durch Bereitschaft zur Flexibilität erzielen konnte. Und daran kann sich jede Organisation ein Beispiel nehmen.

Corporate Identity statt Corporate Religion

Unternehmen und Marken sind weltliche und nicht religiöse Veranstaltungen. Religion verheißt Erlösung – so viel versprechen Unternehmen und Marken nicht. Obwohl sie den Mund häufig sehr voll nehmen. Das Publikum schützt sich dann, wie gezeigt, durch seine Fähigkeit zur Ironie und Untreue. Dennoch sehen sich Unternehmen und Marken vergleichbaren Herausforderungen gegenüber wie die Religionen. Denn auch diese versuchen, die „Gestalt" ihrer Religiosität in allen Wechselfällen des Lebens zu bewahren, zu klären, zu entwickeln. Und auch die Religionen erzielen ihre Ergebnisse mit Menschenwerk. Das christliche Kreuz als Kreuz wäre bedeutungslos, wenn nicht Menschen ihm immer wieder Bedeutung gäben.

Und Unternehmen stehen vor einer vergleichbaren Herausforderung: Auch sie müssen ihrer Mission eine „Gestalt" geben und dies mit Hilfe von direkt und indirekt Beteiligten. Kleider machen eben nicht

nur Leute, sondern machen auch aus Unternehmen und Marken Persönlichkeiten. Persönlichkeiten, die, wenn alles so klappt, wie es sich die
Macher vorgestellt haben, in der Öffentlichkeit eine gute Figur abge-
ben. Kleider machen also Leute. Richtig ist aber auch: Leute machen
Kleider! Und wer macht das Kleid für die Marke? Die Leute im Unternehmen. Und das nicht erst seit gestern, denn seit nunmehr rund
30 Jahren ist Corporate Identity in Unternehmen kein Fremdwort
mehr. Sie wird als Führungsinstrument propagiert und angesichts der
wachsenden Komplexität von Unternehmen und deren Umwelt, einer
ständig steigenden Informationsflut, einem Überangebot austausch-
barer Produkte sowie einer Gesellschaft, die sich kritisch mit wirtschaftlichen Vorgängen auseinander setzt, zu einem wesentlichen
Wettbewerbsfaktor. Ein Unternehmen mit einer intakten Corporate
Identity ist campaigningfähig, und es bedarf keiner großartigen neuen
Erfindungen, sondern nur der Vergewisserung des schon Bekannten,
um dies zu erreichen. Was ist Corporate Identity, und wie erreiche
ich sie?

Für den breiten Konsens in der Definition von CI stehen immer
noch, obwohl schon in die Jahre gekommen, Birgigkt und Stadler:
Sie bezeichnen CI als strategisch geplante und operativ eingesetzte
Selbstdarstellung und Verhaltensweise eines Unternehmens nach innen
und außen auf Basis eines definierten (Soll-)Images, einer festgelegten
Unternehmensphilosophie und Unternehmenszielsetzung und mit
dem Willen, alle Handlungsinstrumente des Unternehmens in einen
einheitlichen Rahmen zu bringen. „Einheitlicher Rahmen" meint dabei
nicht nur das berühmte CI-Handbuch, das in der Regel nur ein
CD-Handbuch ist, sondern eine Reihe von Regeln, die jeder anwenden muss. Und je einfacher und klarer diese Regeln sind, desto
stärker die CI.

Die strategischen Erfolgspositionen sind dabei die spezifischen Stärken einer Organisation, die sich den Bereichen Arbeitsklima und -kultur,
Planungs- und Koordinationssysteme, Positionierung und Ressourcen
zuordnen lassen. Von den strategischen Erfolgsgrundsätzen des Cam-

paigning unterscheiden sich diese strategischen Erfolgspositionen dadurch, dass es sich um Voraussetzungen handelt, die nicht von heute auf morgen erworben werden können. Defizite bei den strategischen Erfolgspositionen auszugleichen, kann Jahre dauern. Voraussetzung für eine erfolgreiche Entwicklung und nachhaltige Identifikation mit einer Corporate Identity ist ein Arbeitsklima, das genügend Freiraum bietet:

- In diesem Freiraum wird das Arbeitsklima und die Kultur gefordert und gefördert durch Motivation, Engagement und Leistungsniveau, Werte und Verhaltensmuster, Geschwindigkeit und Flexibilität, Mobilisierungsvermögen bzw. Schlagkraft und Durchsetzungsvermögen.
- In diesem Freiraum werden Planungs- und Koordinationssysteme aufgebaut durch Aufbauorganisation und Ablauforganisation.
- In diesem Freiraum kommt es zur Positionierung durch Tätigkeitsgebiete, Legitimation und Glaubwürdigkeit, öffentliches Gewicht, Profil, Identifikationsmöglichkeiten und die Atmosphäre, also die Stimmung im Umfeld.
- In diesem Freiraum sind die strategischen Erfolgspositionen: Know-how, Teamgeist, Geld und Zeit, Infrastruktur, Kampagnenmittel, Vernetzung und Beziehungspflege.

Die zentrale Aufgabe einer CI-Strategie ist also die einheitliche Gestaltung der Unternehmensidentität bzw. der Unternehmenspersönlichkeit nach innen und außen. Also das, was wir auch als strategische Positionierung bezeichnet haben. Wahre Wunderkräfte werden einem schlüssigen CI-Konzept unterstellt:

- dass eine koordinierte und aufeinander abgestimmte Führung des Unternehmens durch CI einfacher und für alle nachvollziehbarer wird;
- dass sich mit einer unmissverständlich klar definierten Identität ein Unternehmen gegenüber der Konkurrenz klarer profilieren kann;
- dass CI eine schnellere Erkennbarkeit gewährt sowie eine hohe

Wiedererkennbarkeit des Unternehmens, seiner jeweiligen Produkte, der zu vermittelnden Botschaften und der Mitarbeiter;
- dass die einheitliche Darstellung aller Marken eine zunehmende Austauschbarkeit von Produkten und Dienstleistungen verhindert;
- dass eine eindeutigere Profilierung des Unternehmens und seiner Produkte die Nachahmung beziehungsweise Kopie erschwert;
- dass Einzellösungen sich an der CI-Strategie orientieren, womit es dann zu weniger Unstimmigkeiten im Unternehmen kommt und Einzelinteressen und Gruppen-Egoismus überwunden werden.

Damit nicht genug: Corporate Identity bereitet von Anfang an den unterschiedlichsten unternehmerischen Maßnahmen den Boden – von der aktuellen Produktwerbung über den Verkauf bis hin zum Aufbau neuer Produkte dank Imagebonus. Wobei durch eine schlüssige CI die Einzelmaßnahmen verstärkt werden; im Kommunikationsbereich und in organisatorischen Ausdrucksformen (etwa bei Formularen) hilft CI bei der Rationalisierung. Aufgrund einer stärkeren Identifikation mit dem Unternehmen ist die Motivation und die Einsatzbereitschaft der Mitarbeiter wesentlich höher, denn CI stärkt das Wir-Gefühl. Das alles spricht man der CI zu.

Doch trotz dieser diagnostizierten Heilkräfte scheint CI bei der Mehrzahl der Unternehmen auf keine große Gegenliebe zu stoßen: Entweder wird sie sofort abgelehnt, oder die Entscheidung darüber, ob oder ob nicht, wird als nicht ertragsrelevant verschoben. Sollte ein Unternehmen sich dann doch zu einem CI-Programm durchringen, wird dem Betrachter meist ein lebloses, technokratisches Artefakt als Unternehmen präsentiert. Es drängt sich hier die Frage auf: Stimmt die Definition von CI nicht, oder wird Definition und Aufgabe von CI falsch verstanden, sei es bewusst, sei es unbewusst? Oder: Sind Unternehmen per se technokratisch?

Die Zweifel kommen daher, dass häufig nicht richtig verstanden wird, was denn eigentlich unter einer Unternehmensidentität zu verstehen ist. Kann ein Unternehmen überhaupt eine Identität haben, und wenn ja: Wie sieht die Beschaffenheit aus? Die Evolutionstheorie sieht in der Identität die Überlebensfähigkeit von Organismen verankert. Identität ist Voraussetzung dafür, dass sich Personen, Dinge, Sachverhalte voneinander unterscheiden. Daneben bedeutet Identität aber auch die Gleichheit einer Person, eines Objekts mit sich selbst, d. h. kein mit sich identisches Ding kann zweimal existieren. Umso mehr verwundert es, dass viele Marken oder auch Unternehmen bei ihrer Leitbildentwicklung dazu tendieren, es anderen möglichst gleichzutun. Identität hat immer etwas zu tun mit dem Übereinstimmungsgrad von dem, wie etwas erscheint, und dem, wie etwas tatsächlich ist. Also mit Erscheinung und Substanz. Also geht für die CI eines Unternehmens folgende Rechnung auf: die Summe der gemeinsamen Identitätsmerkmale seiner Mitglieder + die des Unternehmens als übergeordneter Organismus = Differenzierung am Markt. Der Organismus passt sich dabei laufend der Marktsituation an. Und dies ist entscheidend: CI ist nicht ewige Wahrheit, sondern lebendiger Prozess. Alle Beteiligten und Betroffenen müssen dabei mit einbezogen werden. Die Qualität der CI lässt sich einerseits am Differenzierungswillen, der positiven Spannung von Individual-Identität und Gruppen-Identität ablesen und auf der anderen Seite an deren jeweiligem Identitätsgrad. Das heißt: Es geht um die Kongruenz von Sein und Erscheinen. Je präziser die CI die reale Situation und Entwicklung eines Unternehmens spiegelt, desto wirksamer wird sie.

Hier trifft sich der CI-Prozess mit dem Branding-Prozess. Was überhaupt ist formal gesehen eine Marke? Diese Frage hat sehr schlüssig die „American Marketing Association" beantwortet, nämlich so: „Eine Marke ist ein Name, ein Ausdruck, ein Zeichen, ein Symbol oder Design oder eine Kombination von diesen, die dazu gedacht ist, die Waren oder Dienstleistungen eines Anbieters oder eine Gruppe von Anbietern zu identifizieren und sie von denjenigen der Konkurrenz zu unterscheiden." Wenn wir dieser Definition folgen, besteht eine Marke aus zwei Komponenten: Die erste Komponente spricht die unmittelbare Wahrnehmung einer Marke an, sie besteht aus dem Namen, dem Ausdruck, Zeichen oder Symbol der Marke. Die zweite

Komponente kann nicht sinnlich erfasst werden, ist die eigentliche Bedeutung, die diesen Zeichen gegeben wird. Und bei der Herstellung dieser Bedeutung sind alle gefordert, die mit der Marke zu tun haben, von der Führungsetage bis zum Pförtner.

Und wie erreicht man die Identifikation? Die Identifikation mit Marke/CI erfolgt im Prozess der Kommunikation. Kommunikation bedeutet wörtlich übersetzt „Herstellung von Gemeinsamkeiten"; Kommunikation beruht immer auf dem Austausch von Zeichen; Kommunikation kann daher nur funktionieren, wenn „Sender" und „Empfänger" die Zeichen gleich deuten. Im Kommunikationsprozess wird komplexe Realität in Zeichen umgesetzt, also vom Sender zunächst codiert. Auf diese Weise erfolgt eine Reduktion von Komplexität. Aber: Codierung und Decodierung dürfen keinesfalls als identische Prozesse betrachtet werden, denn bei der Gestaltung des Kommunikationsprozesses ist zu berücksichtigen, dass sowohl Sender wie auch Empfänger im Prozess der Kommunikation Bedingungen setzen und andererseits mit den Bedingungen des Gegenübers konfrontiert werden. Beide spielen damit eine aktive und eine passive Rolle zugleich; beide am Kommunikationsprozess beteiligten Gruppen versuchen im Rahmen einer Transaktion ihre jeweilige Gratifikation aus der Kommunikation zu maximieren. Basis und Produkt dieser Transaktion sind das Bild vom Rezipienten beim Sender einer Botschaft wie auch das Bild vom Sender im Kopf des Rezipienten. Der Mensch „bastelt" sich also über Kommunikation seine eigene Welt, seine eigene Sicht der Dinge. Der Empfänger versucht Informationen zu einem subjektiv sinnvollen Ganzen zusammenzufügen und schafft sich auf diese Weise ein Bild von der Realität, eine Virtualität. Daher ist zu differenzieren zwischen der Botschaft, die der Kommunikator bezweckt hat, und der Botschaft, wie sie der Rezipient aufnimmt.

Für den Kommunikator stellt sich die Frage, wie er am besten seine Botschaft in der von ihm intendierten Weise vermitteln kann. Geht man von der Semiotik aus, vom Begriffsinhalt, Buchstabenensemble und Bild, dann ist die Kommunikation über Bilder am effektivsten, weil beim Bild die geringste Irrtumswahrscheinlichkeit in der Wahrnehmung bzw. Decodierung besteht. Das heißt: Man konfrontiert den Betrachter in dem dynamisch-transaktionalen Prozess der Kommunikation mit konsistenten Bildern, die er sich dann wieder selbst zu einem Gesamtbild der Realität zusammenbaut. Denn über die Optik ist eine stärkere semantische Differenzierung möglich als über Worte, es besteht geringere Irrtumswahrscheinlichkeit in der Kommunikation.

In der Art und Weise, wie man diese Bilder kommuniziert, kann man aber bereits einen „Bauplan" mitliefern, der dem Rezipient zeigt, wie er sich diese Bilder zusammensetzen soll. Die Wahrnehmungsintention für den Betrachter kann man also bei der Kommunikation einer Botschaft bereits mitliefern. Die Wahrnehmungsintention muss im Sinne eines Musters bei allen Botschaften, die man aussendet, gleich sein. Hierin liegt die Bedeutung von CI im Kommunikationsprozess. Wenn die erfüllt wird, ist die Wahrscheinlichkeit, dass der Empfänger die Botschaft richtig versteht, sehr groß. Also ist die Kommunikation Bestandteil der Identität: So wie ich bin, so kommuniziere ich auch. Kommunikation hat dabei die Aufgabe, die Identität in Zeichen und Handlungen zu übersetzen und in die relevanten Märkte zu senden sowie die auf das Unternehmen gerichteten Zeichen auf dem Markt zu decodieren und mit dem eigenen Identitätszustand abzugleichen. Aufgrund der Virtualität des jeweiligen Absenders findet dabei ein Funktionsübergang statt; Botschaft und Medium sind nicht mehr bloß transportierte Inhalte eines Absenders, nein, der jeweilige Absender wird zu Botschaft und Medium selbst, er wird zum öffentlichen Akteur. Und seine Strategie ist Campaigning.

In der CI liegt die Wahrheit. Denn die CI gibt gnadenlos Aufschluss über den Zustand eines Unternehmens, über dessen Substanz, Kompetenz und Bewusstsein. Und: CI verdeutlicht die Abweichung zwischen dem tatsächlichen Zustand und dem wahrgenommen Zustand. Und in dieser Schere muss das Unternehmen mit zwei Phänomenen kämpfen, denn es gibt das Spannungsfeld von individueller Identität und Gruppenidentität, und es gibt das Spannungsfeld von Sein und

Erscheinen. So gesehen ist CI nicht mehr nur ein Führungsinstrument, sondern hat eine Führungsfunktion. So gesehen ist CI nicht mehr nur Objekt, sondern Subjekt. Und in dieser Erkenntnis liegt wohl auch der Hauptwiderstand der Unternehmen, denn schließlich bedeutet CI Unterordnung, permanente Spannung zwischen individuellen und übergeordneten Interessen und zum Schluss den Verlust von Macht und Einfluss. Die Kunst ist nun die, diesen Zustand nicht nur auszuhalten, sondern eine positive Balance herzustellen und die daraus gewonnene Energie als Antriebskraft für das Ganze zu nutzen. Balance bedeutet: Die Gruppenidentität muss immer stärker sein als die Einzelidentität, sie darf ihr aber nie den Sinn und damit die Kraft nehmen.

So gesehen besteht die Aufgabe von Campaigning darin, den Akteur in lebendiger Interaktion mit der Öffentlichkeit und dem Markt sichtbar und erlebbar zu machen beziehungsweise im taktischen Bereich zu pointieren. Campaigning macht aus der Marke einen Akteur, einen Akteur mit Charakter. Campaigning baut dem Akteur eine Bühne und bietet dem Publikum so die Identifikation an. Campaigning richtet sich mithin nicht nur nach außen. Campaigning trägt der Interdependenz von interner und externer Kommunikation Rechnung – und eröffnet so der Corporate Identity neue Chancen zur nachhaltigen Implementierung. Verbunden mit der Strategie des Campaigning besitzt CI über die genannten Heilkräfte hinaus die Fähigkeit, eine Organisation aus sich selbst heraus zu führen, wobei die Führungskräfte zu Trainern werden und die Mitarbeiter zu verantwortlichen Unternehmen im Sinne von Tun und Handeln. Doch CI bekommt, bedingt durch die Virtualität unserer Welt, eine weitere Dimension: Nicht der physische Zustand des Unternehmens macht ihn am Markt existent, sondern die durch Kommunikation übermittelte immaterielle Substanz des Unternehmens, das heißt die Kompetenz und das Bewusstsein des Unternehmens. CI wird damit zum Unternehmen selbst und erhält seine wahrnehmbare Existenz durch Kommunikation. Kommunikation hat die Aufgabe, dies für die Öffentlichkeit wahrnehmbar zu machen.

Campaigning aus dem Warroom

Genau betrachtet sollte es für eine Organisation wie eine politische Partei viel schwerer sein, „campaigningfähig" zu sein als für ein Unternehmen. Schließlich ist eine politische Partei im heutigen Deutschland Ort einer Willensbildung unter Beteiligung vieler Einzelner, vom einfachen Parteimitglied bis zum bezahlten Funktionär, gewählten Abgeordneten und staatlichen Repräsentanten. Im Falle der großen Volksparteien heißt das: Hunderttausende Mitglieder, Zehntausende gewählte Volksvertreter vom Kommunalpolitiker bis zum Bundestagsabgeordneten reden mit und sollen umgekehrt die Mission der Partei aktiv und kompetent rüberbringen. Innerparteiliche Demokratie und „Ochsentour" – wie passt das zusammen mit der Herausforderung eines Wahlkampfes in der Mediengesellschaft? Nun, man macht es passend und etabliert für den Wahlkampf so etwas wie einen organisatorischen Bypass, der die verästelten Strukturen des Apparates umgeht und schnelle Aktion ermöglicht: den „Warroom" bzw. die „Kampa", wie es friedlicher bei der SPD im letzten Bundestagswahlkampf hieß. Nichts für Leute, die nur in Ruhe ihre Arbeit tun wollen. Aber wer kann das heutzutage schon noch? Daher haben wir nachgesehen, was man organisatorisch vom „Warroom" lernen kann.

Der Begriff „Warroom" wurde in Deutschland in der Auseinandersetzung mit dem erfolgreichen Wahlkampf Tony Blairs in England bekannt. Fasziniert vom sensationellen Erfolg des jungen sympathischen Hoffnungsträgers, setzten sich eine Reihe von Medien mit den Hintergründen des Erfolges auseinander – und stießen auf eine auch für Großbritannien bis zu diesem Zeitpunkt einmalig erfolgsorientierte Organisation des Wahlkampfes. Übergreifende Botschaft der Berichterstattung: „Der Wechsel ist machbar", wie der Spiegel 1997 resümierte – natürlich in Hinblick auf den beginnenden Bundestagswahlkampf.

Diese Machbarkeit stellte sich so dar: Blair errichtete im Millbank-Tower in einer extra angemieteten Etage eine Wahlkampfzentrale, aus der der gesamte Wahlkampf und die Aktivitäten aller Kandidaten der Labour-Partei zentral gesteuert wurde. In dieser Zentrale arbeiteten ca. 250 überwiegend sehr junge Helfer, die nur für diese Tätigkeit eingestellt wurden, Oxfordabsolventen, die kulturell nichts mit Arbeitersolidarität und schwieligen Händen zu tun hatten. Organisiert wurde die Zusammenarbeit auf einem speziell installierten und Millionen Pfund teurem Computersystem namens „Excalibur". Geführt wurde der „Warroom" – und damit der Wahlkampf – von einem kleinen Kreis von Getreuen um Blair, den verächtlich so genannten „Blairites".

Beides, die Organisation des Wahlkampfes an den Parteistrukturen vorbei und die Führung des Wahlkampfes durch einen Kreis enger Vertrauter, machte den Wahlkampf zu einem Mysterium für alle Außenstehenden. Ein Mysterium, das durch eine strenge Quarantäne noch verstärkt wurde. Denn kein Außenstehender, geschweige denn ein Medienvertreter hatte jemals Zutritt zum „Warroom". Wie alle Geheimnisse wurde die Spekulation über das, was dort passiert, zu einem Lieblingsthema in den Medien. So mancher alte Labour-Kämpe fügte sich nur zähneknirschend unter das strikte Regiment der Vorgaben aus dem Millbank-Tower. Täglich wurden Themen und Parolen elektronisch oder per Fax an alle Kandidaten verschickt. Täglich wurden alle Medien und Aktivitäten des Gegners beobachtet, wurden schnell Gegenmaßnahmen eingeleitet und die Wirksamkeit der eigenen Aktivitäten überprüft. Niemand hatte die Chance auszuscheren. Und natürlich versuchte der politische Gegner, den Missmut darüber zu schüren. Aber der Siegeswille der Partei war stärker als alle Ressentiments, und Labour gewann in einem historischen Erdrutschsieg, der die Torys auf Jahre von der Macht vertrieb.

Die SPD kopierte in der „Kampa" die Methoden Blairs. Die Wahlkampfzentrale wurde nicht in der Parteigeschäftsstelle eingerichtet, sondern 200 Meter weiter in einem Bürogebäude direkt gegenüber dem Konrad-Adenauer-Haus – und wurde damit zum Symbol der Attacke, zur ständigen Provokation des politischen Gegners und zum beliebten Bildmotiv für die Berichterstattung über den Wahlkampf.

Die Methode hat sich bewährt. Im kommenden Bundestagswahlkampf wird die Partei versuchen, die verstärkte Mobilisierung der Mitglieder bei gleichzeitiger präziser Steuerung des Wahlkampfes mit Hilfe des Internets zu erreichen. Aber die CDU ist ebenfalls aufgewacht. Man darf gespannt sein, wer diesmal die Oberhand in den Arenen gewinnt.

Aber was passiert nun eigentlich in diesem „Warroom"? Die vielen fixen jungen Leute beschäftigen sich vor allem mit der Beobachtung des Gegners durch Monitoring der Medien, Besuch von Veranstaltungen und andere Quellen. Sie versuchen unter Nutzung einer umfangreichen Datenbank Widersprüche zu früheren Äußerungen oder zu Äußerungen anderer Repräsentanten des Gegners aufzuspüren und für die Medien zu dokumentieren. Sie analysieren mit Hilfe von kontinuierlicher und bedarfsbezogener Meinungsforschung die Resonanz und Entwicklung von Themen in der Öffentlichkeit und in den entscheidenden Wählergruppen. Sie entwickeln unter der Führung eines Kernteams von „spin-doctors" Argumentationen und Stellungnahmen und distribuieren sie an die lokale Parteiorganisation und an die Medien. Und von hier aus werden die beteiligten Kreativ- und Below-the-line-Agenturen und ihre Kampagnen gesteuert.

Der „Warroom" ist also die organisatorische Kernzelle des politischen Campaigning. Hier geht es vor allem um die Umsetzung und Steuerung der Wahlkampfstrategie, die zuvor festgelegt wurde. Der „Warroom" ist also ein strategisches Instrument des Wahlkampfes, aber nicht der Ort der Entstehung der Strategie. Im Gegenteil, er funktioniert nur auf der Grundlage einer klaren Strategie, die er dann autoritär und konsequent umsetzt. Kernkompetenz ist Flexibilität und Schnelligkeit, beides wiederum eine Zumutung für alle Beteiligten. Die Akzeptanz dafür gewinnt er wiederum nur, wenn an der Entwicklung der Strategie alle beteiligt sind. Dies ist das Geheimnis des Erfolges: partizipatorische und kooperative Entwicklung eines gemeinsamen Willens, der übergeordneten Ziele, Positionierung und Strategie. So wächst die Bereitschaft für ein persönliches vollständiges Commitment auf diese

Strategie und Bereitschaft zur disziplinierten Unterordnung in der Umsetzung. So funktioniert es in den Volksparteien, so sollen CI-Prozesse ablaufen, so machte es die katholische Kirche.

Fazit: Ausreden sind nicht gestattet

Unsicherheit und Besitzstanddenken sind die beiden wesentlichen Motive, sich gegen Campaigning zu wehren. Übrigens finden wir diese Motive verständlich. Aber die Welt wird nun mal täglich unüberschaubarer. Und sich in dieser Situation an alten Erfolgen festhalten zu wollen, ist nachvollziehbar. Aber eben im eigenen Interesse nicht hilfreich. Der Kern der Aufgabe ist, die Sicht der Werbung und die Sicht der PR auf Kommunikation zusammenzubringen. Dass dies geht, haben wir selber erlebt, erfahren und gelernt. Dass man dabei über manchen Schatten springen muss und auch unterschiedliche Denk- und Aktionsstile vereinbaren muss, macht die Aufgabe auch auf der persönlichen Ebene zu einer anspruchsvollen Herausforderung. Diese anzunehmen hat uns persönlich bisher mehr Intensität, mehr Einsicht, mehr Erfolg und auch mehr Spaß in und bei der Arbeit gebracht. Ausreden lassen wir nicht gelten. Einfach mitmachen!

Schluss:
Letzte Antworten auf erste Fragen

Sollte Sie jemand fragen, wozu Campaigning gut ist, was es bewirkt, wer es braucht und wozu – hier sind 18 gute Antworten.

Warum brauchen wir eine neue Kommunikation?

- weil immer mehr Börsengänge, Kapitalmarkttransaktionen, M&A et cetera um die Aufmerksamkeit einer immer breiteren Öffentlichkeit konkurrieren, die immer weniger Interesse zeigt;
- weil Politik und Institutionen verstärkt die Zustimmung der Öffentlichkeit für ihre Konzepte benötigen, um die wachsende Zahl der Reformen und Krisenthemen in Angriff nehmen zu können;
- weil Markenkommunikation mit dem gängigen Instrumentarium immer mehr Effizienz verliert und zudem den Kern abstrakter Marken kaum vermitteln kann;
- weil die Öffentlichkeit durch immer rascher wechselnde Themen hysterisiert wird und so andere Themen nebensächlich werden;
- weil die Volatilität der öffentlichen Stimmungslagen zunimmt;
- weil das Öffentliche privat wird und das Private öffentlich (Big Brother, Jenny Elvers et alia);
- weil die Wirksamkeit des traditionellen Einsatzes der Kommunikationsinstrumente kaum noch wirksam ist.

Was macht Campaigning erfolgreicher als andere Mittel der Kommunikation?

- Campaigning versteht Marken und Unternehmen als öffentliche Akteure;
- Campaigning versteht die Menschen als Individuen, die sich in der Öffentlichkeit über die Frage des individuell „richtigen" Lebens verständigen;
- Campaigning reflektiert den Ausdruck individueller Hoffnungen, Wünsche, Ängste und Bedürfnisse als Ergebnis einer öffentlichen Debatte;
- Campaigning findet in der Verbindung von öffentlicher und privater Personalität den Ansatz zur emotionalen Ansprache der

Menschen und zur Popularisierung seiner Themen. Denn: Populär ist ein Thema, wenn sich viele Menschen in ihrem individuellen Befinden mit diesem Thema öffentlich identifizieren können.

Können wir in Zukunft Werbung und PR vergessen? Nein. Denn:

- Werbung hat die Funktion, den Akteur bzw. das Thema sichtbar zu machen oder im taktischen Bereich zu pointieren. Werbung gibt dem Akteur ein Gesicht, baut ihm eine Bühne und bietet dem Publikum die Identifikation mit dem Thema.
- PR vertritt im Campaigning argumentativ den Akteur bzw. das Thema auf den anderen Bühnen der Öffentlichkeit.

Wann ist der Einsatz von Campaigning sinnvoll?

- wenn ein Akteur kommunikative Dominanz im „me-too"-Wettbewerb erreichen will;
- wenn innerhalb eines überschaubaren Zeitraums ein Thema oder ein Interesse mit hohem Druck durchgesetzt werden soll;
- wenn ein bedeutendes Thema, das im Focus öffentlicher Auseinandersetzungen steht, populär vermittelt werden soll;
- wenn ein Thema die Chance hat, öffentliche Relevanz zu gewinnen;
- wenn ein prinzipiell relevantes, aber schwer zu erklärendes oder abstraktes Thema populär gemacht werden soll.

Zugabe:
2 x Campaigning

Anspruch unseres Buches ist es, einen Weg zu zeigen, wie Werbung wirksamer werden kann und welche Rolle Werbung nicht nur für Marken, sondern auch für Unternehmen und in der Politik spielen kann. Wir haben gezeigt, wie man die beiden grundlegend unterschiedlichen Sichtweisen von Werbung und PR – Involvement des Einzelnen und Ansprache der Öffentlichkeit – produktiv zusammenbringen kann.

Immer wieder gelingt es Marken, Institutionen oder Unternehmen, die öffentlichen Arenen erfolgreich zu nutzen, ein Thema zu setzen und sich als Akteure zu profilieren. Immer wieder treffen Anzeigen oder Spots den Punkt öffentlichen Interesses, werden zum Gegenstand redaktioneller Berichterstattung und zum Gesprächsgegenstand in den Peer-Groups.

Als Zugabe stellen wir zwei Kampagnen vor, die exemplarisch zeigen, dass und wie Werbung im Sinne von Campaigning funktioniert: die deutsche Kampagne zur Übernahme von Mannesmann durch Vodafone und die Kampagne der schwedischen Immobilienfinanzierungsdirektbank SBAB.

Die Kampagne von Vodafone zeigt, wie Campaigning zu einem per se in der Öffentlichkeit als bedeutend gesehenes Thema funktioniert. Im Gegensatz dazu war die Aufgabe im Fall der SBAB, einen Newcomer zu profilieren. Beide Auftraggeber haben ihren Status als öffentliche Akteure und die Mechanismen der Arena genutzt und waren gerade dadurch erfolgreich. Die Unterschiedlichkeit der Fälle sollte jeden Leser ermutigen, Campaigning für seine Marke oder sein Unternehmen in Betracht zu ziehen.

Die Kampagne von Vodafone
zur Übernahme von Mannesmann

Die Übernahme von Mannesmann durch Vodafone ist die bislang größte Transaktion der Wirtschaftsgeschichte. Der gemeinsame Börsenwert beider Unternehmen betrug zum Zeitpunkt der Übernahme ca. 200 Milliarden Euro. Aber es war nicht nur die größte Übernahme der Wirtschaftsgeschichte, sondern zugleich die erste so genannte „feindliche" Übernahme in Deutschland. Schlagartig wurde die breite deutsche Öffentlichkeit in einer beispiellosen kommunikativen Auseinandersetzung beider Unternehmen mit den Gesetzmäßigkeiten des internationalen Kapitalmarktes konfrontiert.

Realisiert wurde die gesamte Übernahme und die begleitende Kommunikationskampagne auf Seiten von Vodafone von einer internationalen „Working Group", bestehend aus Anwälten, Bankern und Agenturen (darunter auch die Autoren), die in einem virtuellen „Warroom" über die Grenzen und Kontinente hinweg zusammenarbeiteten – vergleichbar einem amerikanischen Wahlkampfteam, dass für eine Kampagne kurzfristig zusammenkommt und dann wieder auseinander läuft. So und aufgrund der verfügbaren finanziellen Mittel war es möglich, der Dynamik des Prozesses gerecht zu werden und ihn aktiv zu gestalten und voranzutreiben.

Dies ist nicht der Ort, die Transaktion umfassend zu dokumentieren und zu analysieren. Wir beschränken uns auf die Dokumentation der Kommunikationskampagne in Deutschland. Im Sinne dieses Buches steht dabei die Werbung im Zentrum. Denn dass eine solche Transaktion ein PR-Thema ist, ist nichts Neues. Wie aber Werbung schnell, flexibel und aktuell in der öffentlichen Auseinandersetzung intervenierte, war bis dahin einzigartig.

Die kommunikative Ausgangsposition für Vodafone war denkbar schlecht: Kaum jemand in Deutschland kannte das Unternehmen. Kaum jemand kannte den Hintergrund des Übernahmeangebotes (dass nämlich Mannesmann diesen Schritt durch die Akquisition von Orange provoziert hat, des härtesten Wettbewerbers von Vodafone in England). Transaktionen dieser Art waren für Deutschland völlig neu. Auch wenn die Summe der deutschen Aktionäre keine Mehrheit hatte, die Übernahme zu verhindern, war die Zustimmung oder zumindest Duldung der deutschen Öffentlichkeit für das Gelingen der Übernahme entscheidend. Vodafone hatte in Deutschland kein eigenes Büro, geschweige denn einen Sprecher, hatte keine eigene Kenntnis der deutschen Befindlichkeiten und nicht einmal eine deutsche Bank im Team.

Aufschlag Mannesmann

Die breitere deutsche Öffentlichkeit wurde zum ersten Mal im Oktober 1999 mit dem Thema konfrontiert. Am 25. Oktober titelte die BILD: *Schluckt Handy-Riese Mannesmann? Wird Mannesmann-Konzern Opfer einer so genannten feindlichen Übernahme?* Zu diesem Zeitpunkt versuchte Chris Gent, der CEO von Vodafone, immer noch, in Verhandlungen mit dem Mannesmann-Management zu einer einvernehmlichen Übernahmevereinbarung zu kommen. Das Mannesmann-Management blieb abweisend. Man darf diese Veröffentlichung daher durchaus als gesteuert betrachten. Mannesmann gab den Ton vor, ließ sich zum Opfer und den „Angreifer" zum Riesen stilisieren.

Aber erst am 14. November gab Vodafone öffentlich bekannt, Mannesmann übernehmen zu wollen. Daraufhin schaltete Mannesmann am 16. November in den Tageszeitungen eine ganzseitige Anzeige und informierte die Öffentlichkeit über seine glänzenden Wachstumschancen. Einen Tag später wurde Chris Gent in der BILD als Haifisch porträtiert. Nationale Gefühle kochten hoch. Und nun mutierte die Transaktion zur „Übernahmeschlacht" zwischen einem unbekannten englischen Aggressor und dem deutschen Vorzeigeunternehmen, wurde zum existenziellen Wahlkampf um die Zustimmung der Aktionäre, der in Deutschland unter intensiver Anteilnahme der breiten Öffentlichkeit ausgetragen werden musste.

Das Kommunikationskonzept von Vodafone

Diese Entwicklung kam jedoch nicht unerwartet, Vodafone war vorbereitet und die Ziele für die Kommunikation waren klar:

- Die Aktionäre mussten zum Aktientausch motiviert werden.
- Die Aktionäre mussten sich in dieser Entscheidung von der Öffentlichkeit und allen anderen Beteiligten akzeptiert sehen können.
- Die öffentliche Meinung musste die Übernahme zumindest dulden.

Auf dem Weg dahin mussten folgende Ziele erreicht werden:

- Vodafone musste schnell bekannt werden.
- Vodafone musste das Image des bedenkenlosen Aggressors überwinden.
- Die Argumentation für die Transaktion musste in den Vordergrund gerückt und glaubhaft vermittelt werden.
- Der von Mannesmann erzeigte Eindruck der Unvereinbarkeit beider Unternehmenskonzepte musste abgebaut werden.

Zunächst aber war Vodafone kommunikativ in der Defensive, die angestrebte Zielposition befand sich in diametralem Gegensatz zur realen Position in der öffentlichen Wahrnehmung. Um dies zu ändern, gab es nur einen Weg: Vodafone musste auch in der Kommunikation vermeiden, auf der Agenda von Mannesmann zu laufen, sondern stattdessen das Gesetz des Handelns in der Hand behalten.

Grundlage dazu war die eigene inhaltliche Position: Am liebsten wollte Vodafone Mannesmann im Einvernehmen mit dem Management übernehmen, um der größte mobile Telekommunikationsanbieter der Welt zu werden.

Die Strategie war daher:

- vom ersten Tag an die eigene Geschichte erzählen und dabei auf kein Ablenkungsmanöver eingehen;
- die Öffentlichkeit kontinuierlich mit Informationen versorgen;
- die richtige Stimmung machen;
- Argumente gezielt und wohl dosiert einsetzen.

In einem Satz: Ohne Verzögerung die kommunikative Führung übernehmen, und zwar inhaltlich (im Sinne eines Agenda Settings) und kreativ (im Sinne eines angemessenen Tone of Voice).

Über allem stand die zentrale Botschaft: *„ Better together – Was kann Mannesmann allein, was wir nicht besser zusammen können?"*

Die Werbung setzte in der Kommunikation den Grundton. Zudem übernahmen die einzelnen Anzeigen Leuchtturmfunktion in der chaotischen öffentlichen Debatte und präsentierten klar und eindeutig die Argumente von Vodafone. Diese Rolle war gerade zu Beginn der Auseinandersetzung zentral, weil die Medien in der redaktionellen Berichterstattung die Argumentation von Vodafone nicht oder nur unzureichend aufnahmen.

Es ging darum, eine Kampagne für Kopf und Bauch zu machen. „Für den Kopf" hieß: Die wirtschaftlichen Chancen eines weltweit führenden Unternehmens müssen thematisiert werden; der Merger muss als professionell sachlich empfunden werden. Vodafone muss deshalb mit dem Argument ins Feld ziehen, dass man die Stärken von Mannesmann nutzt, um gemeinsam den europäischen Weltmarktführer für Telekommunikation zu schaffen. Gemeinsam! Womit wir bei dem Bauchgefühl wären. „Für den Bauch" hieß: Die zu erwartende moralisch-emotional geführte Diskussion muss abgekühlt werden; der Merger darf nicht als rechnerisch abstrakt wahrgenommen werden, sondern als Partnerschaft, die sich auszahlen wird, weil beide Parteien hervorragend zusammenpassen, was schon die letzten Jahre gezeigt haben.

Die Werbekampagne war von Anbeginn auf die drei klassischen Phasen einer Übernahme angelegt:

- die so genannte Pre-Offer-Phase, in der das verbindliche Angebot vorbereitet wird;
- die so genannte Offer-Phase, in der die Aktionäre ein vorliegendes Angebot zeichnen können;
- die Post-Offer-Phase, in der das Ergebnis kommuniziert wird und letzte Aktionäre zum Umtausch ihrer Aktien bewegt werden.

Die Kommunikationsplanung musste dabei berücksichtigen: Zu jedem Zeitpunkt der ersten beiden Phasen kann eine Verhandlungslösung erfolgen. Auch wenn das Mannesmann-Management dem Angebot zugestimmt hätte, müsste man danach auch die Aktionäre davon überzeugen. Wenn das Mannesmann-Management aber das Angebot ablehnt, müssen die Aktionäre sich entscheiden, ob sie dem von ihnen berufenen Management glauben oder den Argumenten von Vodafone. Inhaltlich war daher klar: Auch bei scharfen Angriffen musste Vodafone freundlich bleiben, denn schließlich ging es um eine gemeinsame Zukunft, bei der der Unterlegene nicht wie ein Verlierer aussehen darf. Zugleich durfte Mannesmann, auch wenn es heiß zugeht, keine Konterchance bekommen.

Es wurden zwei grundsätzliche Anzeigenformate entwickelt: ein flexibles Format, um täglich Akzente setzen beziehungsweise reagieren zu können. Und ein durchgängiges einfaches und robustes Format, um die Fehlerwahrscheinlichkeit bei der komplexen Abstimmung und dem extremen Zeitdruck so gering wie möglich zu halten.

Die Übernahmeschlacht

Nur so vorbereitet, konnte man den Sturm überstehen, der seit dem 14. November entfesselt war. Und Vodafone rollte die vorbereitete Kampagne für die Pre-Offer-Phase konsequent aus.

Am 22. November startete die Kampagne mit einem Motiv, das die bisherige Zusammenarbeit zwischen beiden Firmen bekannt machte:

Am gleichen Tag fragte die BILD mit Bezug auf die Anzeige: *Kampf um Mannesmann – endet alles friedlich?* Der Inhalt und der moderate Ton der Anzeige hatten offensichtlich überrascht und Wirkung getan. Niemandem war vorher bewusst gewesen, wie eng beide Unternehmen zusammengearbeitet hatten. Täglich folgten nun Anzeigen mit dem gleichen Thema:

„Liebe Mannesmann-Aktionäre: Mit unserer technischen Unterstützung ist D2 zum Marktführer in Deutschland geworden."

„Liebes Mannesmann-Management: Niemand versteht mehr vom Mobilfunk-Geschäft als wir zusammen. Das war so. Das ist so. Das soll auch so bleiben." etc.

Die erste Offensive kulminierte in einem öffentlichen Brief von Chris Gent am 25. November, der sich parallel persönlich den Mitarbeitern und deutschen Medien in Düsseldorf stellte. Mit unterschiedlichem Verlauf, aber großem kommunikativen Erfolg, wie die Headlines der BILD vom gleichen Tage zeigen: *„Feigheit vor dem Feind – Mannesmann verhindert Gespräch zwischen Gent und Betriebsrat"* und *„Vodafone-Chef im BILD-Kreuzverhör."*

Liebe Mannesmann: In 10 Jahren haben wir gemeinsam D2 groß und größer gemacht.

Jetzt können wir gemeinsam das Größte machen. Weltweit.

Also: Machen wir einen Weltmarktführer mit deutscher Beteiligung!

Noch eine Woche zuvor hätte man damit gerechnet, dass die emotionale Welle nationaler Empörung Corporate Germany zu einer unüberwindlichen Abwehrfront zusammenschweißen würde. Nun war klar: Diese Emotionen sind keine geeignete Grundlage für eine erfolgreiche Abwehr. Mannesmann war im ersten Überschwang zum Opfer stilisiert und damit emotional in eine Position der Schwäche gebracht worden, aus der die Mannesmann-Kommunikation sich nicht mehr entwinden konnte. Im Gegenteil, dort verstärkte man diese Position sogar, denn am 16. Dezember startete Mannesmann seine „Baby"-Kampagne.

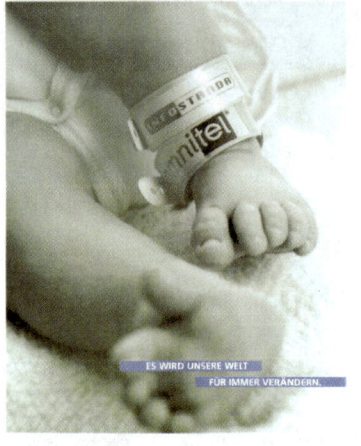

Es folgten die Motive mit den Headlines:

„Es wird schneller wachsen als andere."
„Es hat sich viel vorgenommen."
„Es wächst schneller und kräftiger von ganz allein."

Am 22. Dezember konterte Vodafone mit folgender Anzeige:

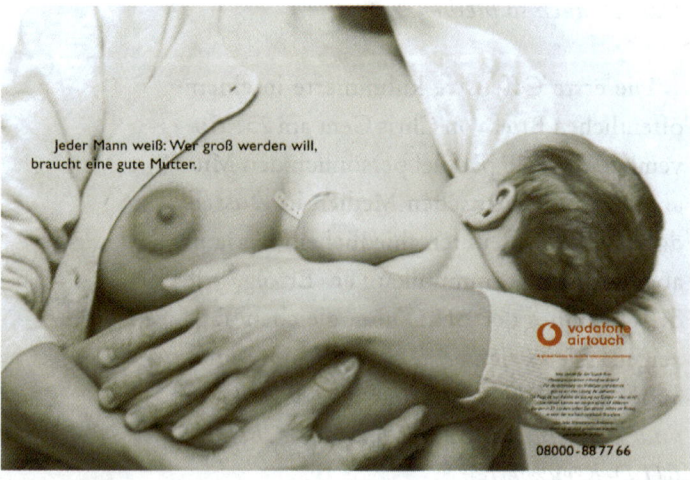

Foto: Giovanni Castell

In der Kommunikation stand es damit 1:0 für Vodafone. Aber jetzt wurde es wirklich ernst. Am 23. Dezember legte Vodafone der Öffentlichkeit sein verbindliches Angebot an die Mannesmann-Aktionäre vor. Mannesmann wies das Angebot zurück. Nun wurde aus dem Übernahmeangebot eine feindliche Übernahme. Die Bandagen wurden härter. Die entscheidenden Schlachten wurden nun auf Roadshows in Gesprächen mit Großaktionären und Analysten geschlagen.

In der Offer-Phase wechselte die Vodafone-Kampagne die Perspektive, um eine emotionale Mobilisierung für den Aktientausch zu erreichen: Das Unternehmen argumentierte nicht mehr aus seiner Sicht, sondern präsentierte die Benefits aus der Perspektive des Aktionärs.

In den Anzeigen der Offer-Phase sagten Aktionäre „Ja" zum Aktientausch. Und so sahen die Anzeigen aus:

Eine Anzeige aus der
Offer-Phase, die den finanziellen
Vorteil thematisierte

Foto: Christian Wiggert

Eine Anzeige aus der
Offer-Phase, die den Vorteil des
globalen Business thematisierte

Mannesmann malte der Öffentlichkeit dagegen ein Horrorszenario aus: *„Achtung! Zusammen mit Vodafone würde es mit ihrem Wachstum bergab gehen!"*

Vodafone ließ sich von seiner Linie nicht abbringen, reagierte aber mit einem Side-Step.

Side-Steps können ein wichtiger Schritt nach vorn sein, wenn die Verpackung humorvoll und charmant daherkommt. Nur, und das ist wichtig: Mit einem Side-Step darf kein Nebenkriegsschauplatz geschaffen werden. Und wenn die Angriffe massiver wurden, hat sich Humor als wirksame Waffe bewährt.

Inzwischen ging im Hintergrund der Kampf um die überzeugendere unternehmerische Position weiter. Als schließlich am 30. Januar Vodafone die Zusammenarbeit mit dem französischen Vivendi-Konzern veröffentlichen konnte, war die Schlacht für Mannesmann verloren. Am späten Abend des 3. Februar traten Chris Gent und Klaus Esser in Düsseldorf vor die Kameras und verkündeten der Öffentlichkeit die Einigung. Nun begann die Post-Offer-Phase. Dafür gilt: Sieger sollten sich nicht in Siegerpose zeigen. Als es nach diesem kurzen Feldzug zur Einigung kam, stellte sich Vodafone nicht als der große Gewinner dar, sondern als Partner. Und am 17. Februar konnte Vodafone in einer Anzeige verkünden:

Im März 2000 hatten ca. 95 % der Mannesmann-Aktionäre die Aktien getauscht. Die Kommentatoren waren sich einig, dass dieser Erfolg in bedeutendem Umfang auf die Kommunikation zurückzuführen war. So zitierte die Financial Times Deutschland in einer Nachbetrachtung im September 2000 Klaus Esser: „Vor allem in der Kommunikation seien Fehler gemacht worden, sagte Esser. Mannesmann habe sich zu schlecht verkauft und es damit versäumt, die eigenen Aktionäre zu überzeugen."

TBWA Stockholm:
SBAB fordert die etablierten Banken heraus

Was tun, wenn man klein und unbekannt ist? Was tun, wenn einem keiner so richtig was zutraut? Was tun, wenn man zunächst nicht mehr versprechen kann, als einfach preiswerter zu sein als andere? Fragen, die sich mancher Werbetreibende stellt und auf die er von seiner Agentur eine Antwort haben will.

In Schweden stellte auch die SBAB, die Staatliche Wohungsbaufinanzierungs AG, diese Fragen, und TBWA Stockholm beantwortete sie. Das Ergebnis ist ein Musterbeispiel für Campaigning.

Hintergrund: Kampf gegen ein Oligopol

Der Darlehensmarkt für Wohn-Immobilien in Schweden ist ein Oligopol, in dem die Bedingungen von wenigen Großbanken diktiert werden. Gemeinsam halten sie einen Marktanteil von ca. 90 %. SBAB, die staatliche Wohnbaufinanzierungs-Gesellschaft, finanziert private Immobilien per Internet und Telefon. Sie ist von den Marktführern unabhängig und auf dem privaten Markt noch jung und relativ unbekannt. Seit dem Start 1996 konnte die SBAB 6 % Marktanteile gewinnen.

Es gab vor allem zwei Gründe für die totale Dominanz der Großbanken. Erstens mangelte es an Konkurrenz. Und zweitens ist es diesen Banken gelungen, den common sense aufzubauen, dass Immobilien-Darlehen etwas Schwieriges und Kompliziertes seien. So schwierig, dass man dafür unbedingt persönlich eine Bank besuchen muss. Die Banken setzen die Bedingungen, und der Kunde stellte das bislang nicht in Frage. Viele Menschen empfanden es sogar als Privileg, überhaupt ein Darlehen zu erhalten und als kreditwürdig erachtet worden zu sein.

Die rationalen Vorteile für Kunden, SBAB anstatt eine der Großbanken zu wählen, waren eigentlich offensichtlich: Man kann bis zu
100.000 Skr an einem Darlehen von 1.000.000 Skr sparen. Doch damit
der Kunde diesen rationalen Vorteil nutzt, musste er sich zunächst aus
der traditionellen Beziehung zu den Hausbanken lösen. Sicher, schon
seit einiger Zeit verbreitete sich eine Unzufriedenheit mit den etablierten Banken. Viele Kunden fragten sich, ob die Beratung der Banken
wirklich immer zum Vorteil des Kunden gereichen.

Doch obwohl es rationale als auch emotionale Gründe gibt, eine
Alternative zu den etablierten Banken zu wählen, ist es schwer, das
Kundenverhalten zu verändern. Die Tradition, seine Immobilie mit Hilfe
einer herkömmlichen Bank zu finanzieren, ist zu tief verwurzelt und
wird nicht hinterfragt.

Die Strategie: Change the Agenda

SBAB wollte im Markt für mehr Konkurrenz sorgen. Im Herbst
und Winter 2000 analysierte SBAB zusammen mit TBWA Stockholm
die Marke und eruierte ihre Chancen. Ergebnis: Die einzige Chance
war, eine kämpferische Rolle einzunehmen. Die SBAB musste die etablierten Banken und die Tradition herausfordern. Mit allen Mitteln.
Dabei mussten folgende Hindernisse überwunden werden:

- SBAB ist unbekannt.
- Immobilienfinanzierung wird als schwer und kompliziert aufge-
  fasst.
- Sobald man das komplizierte Problem gelöst hat, wird das Thema
  verdrängt.
- Der Kunde weiß nicht, dass 0,5 Prozenteinheiten einen großen
  Unterschied ausmachen.
- Den Kunden beunruhigt die Entwicklung des Verhältnisses zu
  seiner Hausbank, falls er mit SBAB arbeitet.
- Die Banken werden alles tun, um die Darlehen der Kunden zu
  behalten.

Um diesen Knoten zu durchschlagen, musste die SBAB außerhalb des bisherigen Spielfeldes positioniert werden. Sie musste ein neues Spiel erfinden und so als klare Alternative erkennbar werden:

Die SBAB steht für eine völlig neue Kategorie und Branche: die „Wohndarlehens-Branche".

Kennzeichen der neuen Wohndarlehens-Branche und der SBAB sind:

- Es gibt kein teures Filialnetz.
- Es ist immer geöffnet (Internet 24 h., Telefon Mo–Fr 8.30–21.00, Sa–So 9.00–19.00 Uhr).
- Sie bietet den besten Preis an.
- Man kann sein Darlehen gleich über das Internet beantragen.

Ziel der Wohndarlehens-Strategie ist also, ein eigenes, neues Spiel neben dem Spiel der Großbanken zu entwickeln, bei dem SBAB der große Gewinner sein wird. Und weil sie diese neue Branche definiert, kann sie auch die neuen Spielregeln machen.

Ein neuer kommunikativer Ansatz wird gesucht.

Banken benutzen in ihrer Werbung fast immer Zahlen und Fakten, verweisen auf ihre Sicherheit und Kompetenz und heben die Bedeutung des persönlichen Kontaktes hervor. SBAB könnte die Banken in einer eigenen Werbekampagne an diesen Punkten herausfordern und dadurch sicherlich ein paar Marktanteile gewinnen, würde so aber nie das eigentliche Ziel erreichen. Besonders nicht, da SBAB verglichen mit den Großbanken nur über begrenzte Marketingbudgets verfügt.

Dennoch mussten komplexe Informationen und Botschaften transportiert werden:

- SBAB = Wohndarlehen per Internet und Telefon (Bekanntmachung und Positionierung)

- SBAB = günstige Wohndarlehen (vielleicht nicht immer die billigsten, aber immer die besten Preise)
- SBAB = als Spezialist Herausforderer der Großbanken (eine Alternative zu den Generalisten)

Folgende emotionale Anforderungen wurden an die Kampagne gestellt:

- SBAB ist sympathisch (mir gefällt die SBAB wirklich)
- SBAB ist selbstsicher und hat Selbstvertrauen (sie bitten nicht um Entschuldigung, sie haben ein gutes Produkt und sind darauf stolz)
- SBAB ist „down to earth" (endlich jemand auf meiner Seite, auf meinem Niveau)
- SBAB ist unkonventionell (nicht wie die Bank)
- SBAB ist offensiv (ein energisches, nach vorne blickendes Unternehmen)

Und schließlich mussten Botschaften an die Mitarbeiter vermittelt werden:

- Es macht Spaß, bei SBAB zu arbeiten (es passiert was, wir sind dynamisch)
- Es macht Spaß, mit Wohndarlehen zu arbeiten (ein Immobilienkauf ist ein großes Geschäft, wir können Helden werden)
- Wir sind ein starkes Team (alle arbeiten auf 180, zusammen können wir die Banken herausfordern)
- Jetzt zeigen wir es den Banken (seht her, das können nur wir)

Um mit diesen Botschaften durchzudringen, musste SBAB etwas Überraschendes, Neues, etwas ganz Eigenes machen. Das galt umso mehr, da die Verbraucher der üblichen Werbung misstrauen und sie (mit einigen wenigen Ausnahmen) schlecht und verdummend finden.

Durch Kicken zum Kick

SBAB ist der Herausforderer der Immobilienfinanzierungs-Branche. Um auch dabei mit den Traditionen zu brechen, wurde beschlossen, auf gewöhnliche Werbung zu verzichten. Die Herausforderung an die anderen Banken sollte direkt und erlebbar sein. Und zwar auf einem ganz anderen, überraschenden Spielfeld:

SBAB fordert die herkömmlichen Banken in einem Fußball-turnier heraus. Dem großen „Wohndarlehens-Cup".

Fußball ist für die SBAB das perfekte Symbol der Herausforderung. Fußball ist volksnah, baut auf Teamwork und lässt sich wunderbar dramatisieren. Fußball ist erlebbarer Wettbewerb auf dem Platz. Das Publikum hält zum Außenseiter, alle verstehen die Regeln und können mitreden. Die Fußballwelt ist emotional der absolute Gegensatz zur Welt der Großbanken.

Die Umsetzung: Der Gewinner stand in jedem Fall fest.

SBAB sollte die Banken also in der erlebbaren Wirklichkeit herausfordern, und das Spiel sollte in Wirklichkeit stattfinden (vorausgesetzt, dass die Banken mitmachen). Dies ist natürlich etwas bedeutend Größeres als Werbung. Es passiert etwas Reales, der Verlauf ist unabsehbar. Klar war nur, dass die Ambition der SBAB in jedem denkbaren Verlauf rüberkommen würde.

Erster Schritt: Die Herausforderung (Briefe, Anzeigen, Werbespot, Banners, Kampagnen-Website; Montag 3.4. bis Donnerstag 13.4.)

Der erste Schritt der Kampagne
war, die Herausforderung zu über-
mitteln. Das geschah in einem Brief
an die Geschäftsführer der traditionellen Banken. Zeitgleich wurde
der Brief in einer Anzeige in den
großen Tageszeitungen veröffentlicht.

Und am gleichen Abend wurde
die Herausforderung von Christer
Malm, dem Geschäftsführer der
SBAB, in einem TV-Spot bekannt
gemacht. Damit wurde die Herausforderung öffentlich, und das
Spiel war eröffnet.

Nach einer Woche hatten die
herausgeforderten Banken noch
nicht reagiert. Dennoch startete
die 2. Phase der Kampagne.

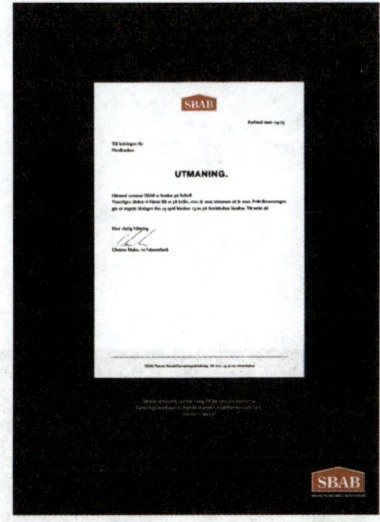

SBAB
An die Geschäftsführung der Nordbank

HERAUSFORDERUNG

Hiermit möchte SBAB Euch Banker zum
Fußballspiel herausfordern.
Zwar denken wir vor allem daran, Euch mit
dem Wohnungsdarlehen zu schlagen, aber
wenn man der Herausforderer ist, dann ist man
es auch. (Eigentlich wollen wir Euch ja auf
dem Immobilienfinanzierungsmarkt schlagen,
aber wenn man der Herausforderer ist, dann
ist man es auch.) Das Fußballturnier beginnt
am Samstag, den 29. April um 13.00 Uhr im
Stockholms-Stadion. Da sehen wir uns dann
wohl. Mit freundlichen Grüßen
Christer Malm, Geschäftsführer / Westbank

TV-Spot „Challenge"

SBAB is a housing loan company that nearly
always charges a lower interest than the banks.
But now we are not only going to challenge the
banks when it comes to housing loans …
hereby SBAB challenges Sweden's top 4 banks
to a game of football. The tournament kicks off
on Saturday 29 April at 1 pm at Stockholms
stadion. See you there. If you have the guts.

TV-Spot „Training"

"Why are you better than the banks?"
"Because we don't rent acres of flashy, expensive office space. We do business over the internet, which means we can keep our interest down."

Super: SBAB. Housing loans via the internet and telephone. The big challenge takes place on April 29 at Stockholm stadion.

Zweiter Schritt: „Training" (Werbespot, Banner und Kampagnen-Website; Freitag 14.4. bis Freitag 28.4.).

Die SBAB hatte eine interne Fußballmannschaft zusammengestellt, die das Match spielen würde, falls es denn tatsächlich stattfinden sollte. Das Training des SBAB-Teams wurde gefilmt und aus dem Material eine Serie von 5 Werbespots produziert, die alle auf verschiedene Art und Weise zeigten, dass die SBAB die Banken herausgefordert hatte und sich für das Turnier fit macht (weiterhin unter der Vorraussetzung, dass die Banken mitmachten).

Die Spots wurden ca. 2 Wochen lang gezeigt, und immer noch hatten sich die Banken nicht geäußert. Aber es machten Gerüchte über einen gemeinsamen Boykott und von Gegenkampagnen der Großbanken die Runde. Das Spiel wurde immer spannender!

Dritter Schritt: „Der große Spieltag" (Event, Werbespot und Webreport live; Samstag 29.4.)

Zwei Tage vor dem geplanten Spieltag veränderten sich die Voraussetzungen für die Kampagnenplanung radikal. Die totale Stille wurde gebrochen. SEB (Skandinaviska Enskilda Banken) rief an und teilte mit, dass man die Herausforderung auf dem Platz annehme.

Der Samstag kam, und ganz SBAB befand sich im Stockholmer Stadion. Am Himmel flogen Flugzeuge mit Bannern, die für den Besuch des Spiels warben, und in der Stadt wurden Tickets dafür ausgeteilt. Der ganze Tag wurde dokumentiert und aus dem Material wurde ein Werbespot produziert. Leider hat SBAB das Spiel 1:5 verloren. Der Geschäftsführer der SBAB kommentierte dies im Spot als ganzer Sportsmann. Der Spot wurde vom Montag, den 1.5. bis Sonntag, den 7.5. gezeigt.

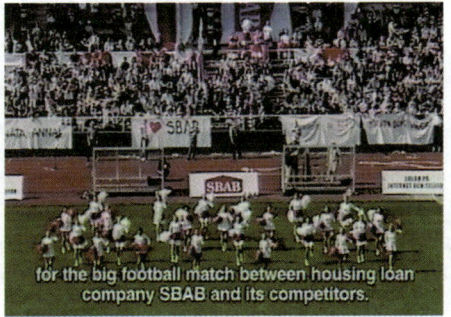

TV-Spot „Der große Spieltag"

"Hello and welcome to Stockholm Stadium on this wonderful spring day for the big football match between housing loan company SBAB and its competitors."
"Right, lads, the time has come. The odds are against us but we're going to give them a run for their money. Are you up for it? Let's get 'em!"
"And her comes SBAB for their showdown with SEB, the only bank that accepted the challenge. And it's time for the kick-off, and SBAB have got off to a flying start and ... oooh, he's hit the post!
What a start to the match. The crowd is going wild. And here comes S-E-Banken ... and it's 1:0 to the bank. ... and it's 2:0. Glum faces on the SBAB bench despite a sterling performance from the SBAB defence. But here's a chance and he scores! A superb goal there by Marcus Adolphsson. But despite doing everything in their power to turn the match around, SBAB lose by 1:5."
"Before the match you told the team to concentrate on football not housing loans."
"Yes, that's right. But the problem is they're a highly professional team and put a lot of effort into keeping our interest down, and getting them focus on a game of football isn't easy."
"Any comments?"
"I would like take the opportunity to congratulate the bank. They deserved the win but they'll never beat us when it comes to interest on housing loans, and you can be sure that we'll continue to challenge the banks."

Vierter Schritt: Follow-up (TV-Spot; Montag 8.5. bis Sonntag 14.5.).

Die Kampagne wurde mit einem weiteren TV-Spot abgeschlossen, der direkt dazu aufforderte, seine Immobiliendarlehen zur SBAB umzulegen.

Fazit: Nach dem Spiel ist vor dem Spiel.

Wenn traditionelle Werbestrategien nicht ausreichen, muss man es wagen, neue Kommunikationswege auszuprobieren. Eine Kampagne zu entwickeln, die auf einer echten Herausforderung beruht und die in real time, ausgehend davon, wie die Konkurrenten agieren und welche Effekte dadurch entstehen, produziert wird, kann als Risiko aufgefasst werden. Dies war jedoch ein Risiko, das durch Vorbereitungen bis ins kleinste Detail so abgesichert wurde, dass alle Szenarien zum Vorteil der SBAB umgedreht werden konnten. Indem die Tradition der Kommunikation für Finanz-Produkte gebrochen wurde, ist es der SBAB gelungen, sowohl ihre Marke zu stärken als auch eine kräftige Verkaufssteigerung zu generieren. SBAB und die Kampagne wurden zum Gesprächsthema. SBAB hat es gewagt, hat gespielt und hat gewonnen. Und um den letzten Zweifler zu überzeugen, sollen zum Schluss ein paar Zahlen sprechen.

Nachfolgend werden die wichtigsten Erfolgsparameter in Bezug auf die ausgelösten Verbraucher-Aktivitäten und Wirkungen für die Marke SBAB angegeben. Die Ziele der SBAB sind langfristig angelegt. Die Zahlen zeigen die kurzfristigen Erfolge in Bezug auf die Referenzwerte vor der Kampagne, die erzielten Resultate und die Entwicklung in Prozent.

Parameter	Referenz-wert vor der Kampagne*	Erreicht**	Index***
Anz. Beantragungen	ca. 100/Wo	ca. 650/Wo	(+650%)
Besuche der Website	ca. 7.500/Wo	ca. 19.000/Wo	(+253%)
Anz. Gespräche mit SBAB	ca. 2.200/Wo	ca. 4.300/Wo	(+195%)
Anz. Internet-Beantragung	ca. 25%	ca. 55%	(+220%)
Spontane Bekanntheit	ca. 14%	ca. 22%	(+157%)
Totale Bekanntheit	ca. 56%	ca. 82%	(+146%)
Präferenz	ca. 4%	ca. 9%	(+225%)
Marktanteile	ca. 6%	ca. 13%****	(+217%)

*   Basiert auf einem Durchschnitt über 8 Wochen vor der Kampagne

**   Basiert auf einem Durchschnitt während der Kampagnenzeit von 6 Wochen + 4 Wochen nach der Kampagne (gilt nicht dem tracking, das früher abgeschlossen wurde)

***   Verhältnis zwischen dem Referenzwert und dem erreichten Wert

****   Durchschnitt der Anteile neu gezeichneter Darlehen während der Kampagnenzeit von 6 Wochen + 4 Wochen nach der Kampagne

Aaker, David A.,
> Management des Markenwertes, Frankfurt, 1992

Aaker, David A.; Biel, A. L.,
> Brand Equity & Advertising: Advertising's Role in Building Strong Brands, Hilldale/NJ, 1993

Aaker, David A.; Joachimsthaler, Erich,
> Brand Leadership – Die Strategie für Siegermarken, München, 2001

Adjouri, Nicholas,
> Die Marke als Botschaft, Münsterschwarzach Abtei, 1993

Althaus, Marco (Hrsg.),
> Kampagne! Neue Strategien für Wahlkampf, PR und Lobbying, Münster, 2001

Avenarius, Horst,
> Public Relations: Die Grundform der gesellschaftlichen Kommunikation, Wiesbaden, 1995

Beck, Ulrich,
> Risikogesellschaft, Frankfurt a.M., 1986

Becker, J.,
> Marketing Konzeption: Grundlagen des strategischen und operativen Marketing-Managements, München, 1998

Bekmeier, S.,
> Markenwert, in: Tietz, Köhler, Zentes (Hrsg.), Handwörterbuch des Marketing, Stuttgart, 1995

Bekmeier-Feuerhahn, S.,
> Marktorientierte Markenbewertung – Eine konsumenten- und unternehmens-orientierte Betrachtung, ohne Ort, 1998

Bentele, Günter; Steinmann, Horst; Zerfaß, Ansgar (Hrsg.),
> Dialogorientierte Unternehmenskommunikation, Berlin, 1996

Bertelsmann Stiftung (Hrsg.),
> Politik überzeugend vermitteln. Wahlkampfstrategien in Deutschland und den USA. Analysen und Bewertungen von Politikern, Journalisten und Experten, Gütersloh, 1996

Birkigt, Klaus; Stadler, Marinus
> Corporate Identity. Grundlagen, Funktionen, Fallbeispiele, Landsberg/Lech, 1986

Bosley, Gary O.,
> Campaigning to Win, o.O., 2000

Bruhn, Manfred,
> Integrierte Unternehmenskommunikation: Ansatzpunkte für eine strategische und operative Umsetzung integrierter Kommunikationsarbeit, Stuttgart, 1995

Bruhn, Manfred; Boenigk, Michael,
> Integrierte Kommunikation – Entwicklungsstand in Unternehmen, Wiesbaden, 1999

Buchli, Hanns,
> 6000 Jahre Werbung. Geschichte der Wirtschaftswerbung und der Propaganda. Bd.1. Altertum und Mittelalter, Berlin, 1962

Buchli, Hanns,
> 6000 Jahre Werbung. Geschichte der Wirtschaftswerbung und der Propaganda. Bd.2. Die Neuere Zeit, Berlin, 1962

Buchli, Hanns,
> 6000 Jahre Werbung. Geschichte der Wirtschaftswerbung und der Propaganda. Bd.3. Das Zeitalter der Revolutionen, Berlin, 1966

Burkart, Roland,
> Kommunikationswissenschaft – Grundlagen und Problemfelder. Umrisse einer interdisziplinären Sozialwissenschaft, Wien/Köln, 1983

Channon, Charles,
> The Difference Between Effectiveness and Efficiency, London, 1990

Charlton, Michael; Schneider, Silvia (Hrsg.),
Rezeptionsforschung – Theorien und Untersuchungen zum Umgang mit
Massenmedien, Opladen, 1997

Cooper, Alan,
How to plan advertising, London, 1997

Deichsel, Alexander,
Jahrbuch Markentechnik 1997/98, Frankfurt am Main, 1997

Derith, Anke,
Eine Analyse zur Kommunikationsqualität von Wirtschaftsorganisationen,
Opladen, 1995

Deutscher Investor Relations Kreis e.V. (Hrsg.),
Investor Relations. Professionelle Kapitalmarktkommunikation, Wiesbaden, 2000

Diverse,
Forschungsgruppe Konsum und Verhalten, Wiesbaden

Domizlaff, Hans,
Die Gewinnung des öffentlichen Vertrauens. Ein Lehrbuch der Markentechnik,
Hamburg, 1976

Esch, Franz-Rudolf,
Moderne Markenführung, Wiesbaden, 1999

Frey, Siegfried,
Die Macht des Bildes: der Einfluss der nonverbalen Kommunikation auf Kultur und
Politik, Bern, 1999

Friedrichs, Jürgen (Hrsg.),
Die Individualisierungs-These, Opladen, 1998

Früh, Werner,
Medienwirkungen: das dynamisch-transaktionale Modell, Opladen, 1991

Fünfgeld, Hermann; Mast, Claudia (Hrsg.),
Massenkommunikation – Ergebnisse und Perspektiven, Opladen, 1997

Gladwell, Malcolm,
The Tipping Point, The New Yorker, 1996

Gladwell, Malcolm,
Der Tipping Point. Wie kleine Dinge Großes bewirken können, Berlin, 2000

Goffman, Erving,
Das Individuum im öffentlichen Austausch. Mikrostudien zur öffentlichen
Ordnung, Frankfurt am Main, 1982

Gosepath, Stefan,
Aufgeklärtes Eigeninteresse. Eine Theorie theoretischer und praktischer
Rationalität, Frankfurt am Main, 1992

Gregory, James R.,
Marketing Corporate Image – The Company as your number one product,
Chicago, 1999

Grunig, James E.; Hunt, Todd,
Public Relations Technics, Fort Worth, 1994

Halff, Gregor,
Die Malaise der Medienwirkungsforschung: Transklassische Wirkungen und
klassische Forschung, Opladen/Wiesbaden, 1998

Halstenberg, Volker,
Integrierte Markenkommunikation – Psychoanalyse und Systemtheorie im Dienste
erfolgreicher Markenführung, Frankfurt am Main, 1996

Heitel, Peter, Krainz; Ewald E.,
Projektmanagement – Eine Antwort auf die Hierarchiekrise?, Wiesbaden, 2000

Hombach, Bodo,
Aufbruch – die Politik der Neuen Mitte, München, 1998

Hörisch, Jochen,
Der Sinn und die Sinne – Eine Geschichte der Medien, Frankfurt, 2001

Kapferer, Jean-Noel,
    Strategic Brand Management. New Approaches to Creating and Evaluating Brand Equity, New York, London, Toronto, Sydney, Tokyo, Singapore, 1992
Keller, Kevin L.,
    Strategic brand management: building, measuring, and managing brand equity, Upper Saddle River, 1998
Kepplinger, Hans Mathias,
    Ereignismanagement. Wirklichkeit und Massenmedien, Zürich, 1992
Klein, Ansgar; Nullmeier, Frank (Hrsg.),
    Masse, Macht, Emotionen – zu einer politischen Soziologie der Emotionen, Opladen/Wiesbaden, 1999
Klein, Naomi,
    No Logo, München, 2001
Kroehl, Heinz,
    Communication Design 2000, Zürich, 1987
Kunde, Jesper,
    Corporate Religion, Wiesbaden, 2000
Lois, George,
    Die zündende Idee. Mit Frechheit werben (und verkaufen!), Frankfurt am Main, New York, 1993
Luhmann, Niklas,
    Die Realität der Massenmedien, Opladen, 1995
Machiavelli, Niccoló,
    The Prince: And Other Political Writings, London, 1995
Marcus, Bruce W.; Wallace, Sherwood L.,
    New dimension in investor relations: competing for capital in the 21st century, New York, 1997
Matalin, Mary; Carville, James,
    All's Fair – Love, war and running for president, New York, 1994
McCombs, Maxwell E.; Shaw, Donald L.; Weaver, David (Hrsg.),
    Communication and Democracy: Exploring the intellectual Frontiers in Agenda-setting-theory, New York, 1997
Metzler, Josef,
    Sacrae Congregationis de Propaganda Fide memoria rerum: 350 anni a servizio della missioni. 1622–1972, Rom, 1971
Michie, David,
    The invisible persuaders – How Britain's spin doctors manipulate the media, London, 1998
Mintzberg, Hebry; Ahlstrand, Bruce; Lampel, Joseph,
    Strategy Safari – eine Reise durch die Wildnis des strategischen Managements, Wien, 1999
Mooij, Marieke K. de,
    Global marketing and advertising: Understanding cultural paradoxes, Thousand Oaks, 1998
Morgan, Adam,
    Eating the Big Fish. How Challenger Brands Can Compete against Brand Leaders, New York, Chichester, Weinheim, Brisbane, Singapore, Toronto, 1999
Neidbecker, Bruno,
    Werbewirkungsanalyse mit Expertensystemen, Heidelberg, 1990
Neidhardt, Friedhelm,
    Öffentlichkeit, öffentliche Meinung, soziale Bewegung; Sonderheft der Kölner Zeitschrift für Soziologie und Sozialpsychologie, Opladen, 1994
Piwinger, Manfred,
    Stimmungen, Skandale, Vorurteile, Frankfurt am Main, 1997

Rettich, Markus; Schatz, Roland,
        Amerikanisierung oder die Macht der Themen – Bundestagswahl 1998:
        Die MEDIEN TENOR-Analyse der Berichterstattung und ihrer Auswirkung auf
        das Wählervotum, Bonn – Dover – Fribourg – Leipzig – Ostrava, 1998

Rolke, Lothar; Wolff, Volker (Hrsg.),
        Finanzkommunikation. Kurspflege durch Meinungspflege. Die neuen Spielregeln
        am Aktienmarkt, Frankfurt am Main, 2000

Rössler, Patrick,
        Agenda-Setting. Theoretische Annahmen und empirische Evidenzen einer
        Medienwirkungshypothese, Opladen, 1997

Röttger, Ulrike (Hrsg.),
        PR-Kampagnen – Über die Inszenierung von Öffentlichkeit, Opladen, 1997

Schenk, Michael; Donnerstag, Joachim; Höfllich, Joachim,
        Wirkungen der Werbekommunikation, Köln, 1990

Sennett, Richard,
        Der flexible Mensch. Die Kultur des neuen Kapitalismus, Berlin, 2000

Springinsfeld, Leopold,
        Persil bleibt Persil. Aus dem langen Leben einer großen Marke. Die Marke
        Persil in Österreich seit 1985, in Ost-Mitteleuropa, in Deutschland, in der Welt.
        Eine markentechnische Studie, Wien, 1996

Steel, Jon,
        Truth, Lies, and Advertising: The Art of Account Planning, New York, 1998

von Bonin, Dr. Wibke; Schneider, Prof. Dr. Beate,
        Menschen, Masse, Medien – Interaktion oder Manipulation, Frankfurt, 1997

Zerfaß, Ansgar,
        Unternehmensführung und Öffentlichkeitsarbeit – Grundlegung einer Theorie der
        Unternehmenskommunikation und Public Relations, Opladen, 1996

Rainer Jogschies
Emotainment – Journalismus am Scheideweg
Der Fall Sebnitz und die Folgen

Der "Fall Sebnitz" (eines vorgeblich von Skinheads ertränkten Kindes und einer angeblich unterlassenen Mordanklage) entfachte in der Bundesrepublik einen publizistischen Sturm, der sich alsbald als heißes Lüftchen erwies: Er wurde zu einem Fall des deutschen Journalismus – einem tiefen.

Das Buch schildert in detaillierten text-, form-, sprach- und medienkritischen Analysen die Defizite der journalistischen Praxis und entwickelt handwerkliche Perspektiven für eine zutiefst verunsicherte Medienlandschaft am Scheideweg zwischen Sensation und Seriosität.

Das Buch entfaltet am Beispiel der hektischen Berichterstattung zum "Fall Sebnitz" eine Karte der Problemfelder derzeitiger journalistischer Praxis, weist auf handwerkliches Versagen und steckt das Terrain für künftige Fehler und Chancen der Fehlervermeidung ab. Es entsteht eine Topographie des Tatsächlichkeitsverlustes.

Journalismus: Theorie und Praxis Bd. 1, 2001, 192 S., 29,80 DM, 15,90 EUR, br., ISBN 3-8258-5450-7

Marco Althaus (Hrsg.)
Kampagne!
Neue Strategien für Wahlkampf, PR und Lobbying

Moderner Wahlkampf, das ist ein aggressives High-Tech-Geschäft mit hohem Tempo und hohem Risiko für das Politikmanagement. In "Kampagne!" erklären 24 junge Autoren – Medienberater, Meinungsforscher, Marketingexperten, Parteiprofis, Journalisten und Wissenschaftler – die dramatischen Veränderungen politischer Kommunikation. Sie öffnen die Türen zum "War Room" der Wahlkampfzentralen in Deutschland, Österreich, Großbritannien und den USA mit spannenden Fallstudien und klarem Blick auf Faktoren von Sieg und Niederlage.

Strategisch denken lernen, Zielgruppen definieren, Themen steuern und Erfolg kontrollieren: "Kampagne!" zeigt, wie die immer knappen politischen Ressourcen Zeit, Talent, Geld und Organisation effektiv eingesetzt werden – und wie Profis Kurzatmigkeit, Krisenkoller und konzeptionslose Schnellschüsse vermeiden.

Beim Gerangel um Einfluss und Entscheidungen verknüpfen immer mehr Unternehmen, Verbände, Gewerkschaften und Nonprofit-Organisationen ihr Lobbying mit Kampagnen, die Menschen und Medien für ihre Sache mobilisieren. "Kampagne!" liefert den Marschkompass für ein umfassendes Public Affairs Management in Wirtschaft und drittem Sektor.

Medienpraxis Bd. 1, 2001, 392 S., 39,80 DM, 20,90 EUR, br., ISBN 3-8258-5292-x

LIT Verlag Münster – Hamburg – London
Grevener Str. 179 48159 Münster
Tel.: 0251 – 23 50 91 – Fax: 0251 – 23 19 72
e-Mail: lit@lit-verlag.de – http://www.lit-verlag.de
Preise: unv. PE

Michael Schaffrath
Das sportjournalistische Interview im deutschen Fernsehen
Empirische Vergleichsstudie zu Live-Gesprächen bei
Fußballübertragungen auf ARD, ZDF, RTL, SAT.1, DSF und
Premiere

Günther Jauch (RTL): "Franz Beckenbauer, dieses 2:2, zum Leben zu wenig und zum Sterben zu viel? Ich behaupte einmal, das war schon das Totenglöcklein in der Champions League für den FC Bayern!" *Franz Beckenbauer (FC Bayern München)*: "Äh, es könnte sein, ja. Wenn wir noch eine Chance haben wollen, dann müssen wir jetzt die restlichen vier Spiele gewinnen. Man kann jedes Spiel gewinnen, man kann aber auch jedes Spiel verlieren." In der Tat, und solch profunde Fußballweisheiten verkündet nicht nur der "Kaiser" mehrmals pro Woche in die aufnahmebereiten TV-Mikrofone. Im sportjournalistischen Dialog sind derartige Platitüden ebenso häufig anzutreffen wie die standardisierte Frage: "Wie haben Sie sich gefühlt?" In der vorliegenden Studie werden 214 Interviews aus 22 Live-Übertragungen auf den Sendern ARD, ZDF, RTL, SAT.1, DSF und Premiere analysiert. 1.400 Fragen und 1.256 Antworten werden auf ihre journalistische Qualität bzw. ihr rhetorisches Niveau überprüft. Die gewonnenen Erkenntnisse werden durch eine Fülle an Zitaten illustriert. Viele Fragestellungen und Redewendungen geben Anlaß zum Schmunzeln, andere werden eher Nachdenklichkeit herausfordern.
Sportpublizistik Bd. 2, 2000, 200 S., 24,80 DM, 12,90 EUR, br., ISBN 3-8258-5171-0

Frank Weber (Red.)
Big Brother: Inszenierte Banalität zur Prime Time

Die Reality-Show „Big Brother" war und ist in aller Munde. In allen gesellschaftlichen Bereichen wird diskutiert – nahezu alle Medien berichten, streiten, kommentieren. Der Sammelband zieht die Bilanz.
„Big Brother" wird aus verschiedenen Perspektiven der Fernseh- und Kommunikationswissenschaft unter die Lupe genommen. Erste Ergebnisse empirischer Untersuchungen liegen ebenfalls vor. Einige kontroverse Standpunkte zum Thema runden den Band ab.
Die Beiträger sind Klaus Bresser, Jean Kristin Bleicher, Michael Frotscher, Kurt Johnen, Hans-Dieter Kübler, Lothar Laux, Lothar Mikos, Helmut Schanze, Martin Schweer, Joachim Westerbarkey, Wolfgang Wunden u.a.
Wissenschaftliche Paperbacks Bd. 11, 2000, 396 S., 39,80 DM, 20,90 EUR, br., ISBN 3-8258-5096-x

LIT Verlag Münster – Hamburg – London
Grevener Str. 179 48159 Münster
Tel.: 0251 – 23 50 91 – Fax: 0251 – 23 19 72
e-Mail: lit@lit-verlag.de – http://www.lit-verlag.de
Preise: unv. PE

Christian Schicha; Carsten Brosda (Hg.)
Medienethik zwischen Theorie und Praxis
Normen für die Kommunikationsgesellschaf

Die Disziplin der "Medienethik" wird zur Sensibilisierung mit dem Ziel der Normbildung herangezogen, um Defizite im Bereich der Medienangebote, der Mediennutzung sowie der Programminhalte aufzuzeigen. Sie soll alternative Handlungskonzepte anbieten, anhand derer die Qualität und Angemessenheit medialen Handelns bewertet werden können.

Die Forderung nach einem ethischen Regelwerk wird vor allem dann verstärkt erhoben, wenn in spektakulären Einzelfällen Lügen, Fälschungen und Manipulationen sowie Verletzungen des Persönlichkeitschutzes innerhalb der Berichterstattung nachgewiesen werden können.

ikö-Publikationen Bd. 2, 2000, 224 S., 49,80 DM, 25,90 EUR, br., ISBN 3-8258-4700-4

Klaus Merten
Einführung in die Kommunikationswissenschaft
Bd 1/1: Grundlagen der Kommunikationswissenschaft

Die Bände führen auf breiter Basis in die moderne Kommunikationswissenschaft ein. Gestützt auf ein konstruktivistisches Konzept werden die Anfänge der Sprache, Modelle dialogischer Kommunikation und basale Funktionen von Kommunikation und Massenkommunikation vorgestellt. Daran schließt sich der Entwurf einer Medientheorie an, aus der Struktur und Funktion der Massenmedien abgeleitet werden können. Unter evolutionärer Perspektive werden schließlich neue Entwicklungen des Mediensystems vorgestellt: Dazu zählt nicht nur die Entwicklung neuer Medien oder die Entstehung des internationalen Mediensystems, sondern auch die dadurch angeregte Ausdifferenzierung von öffentlicher Meinung, von Werbung und von Public Relations. Ein zentrales Thema dieses Bandes ist den Wirkungen von Kommunikation – vor allem: Thematisierung, Werbung und Einstellungsänderung, Wirkungen von Pornographie und Gewaltdarstellung, Wirkung von Wirklichkeitskonstruktionen – gewidmet. Ein Namens- und Sachregister sowie ein Glossar aller wichtigen Begriffe machen diesen Band zu einem ebenso nützlichen wie unverzichtbaren Lehrbuch für die Medien- und Kommunikationswissenschaft.

Aktuelle Medien- und Kommunikationsforschung Bd. 1/1, 1999, 592 S., 68,80 DM, 35,90 EUR, gb., ISBN 3-89473-592-9

LIT Verlag Münster – Hamburg – London
Grevener Str. 179 48159 Münster
Tel.: 0251 – 23 50 91 – Fax: 0251 – 23 19 72
e-Mail: lit@lit-verlag.de – http://www.lit-verlag.de
Preise: unv. PE

Reiner Clement
Digital Economy
Ein Studienbuch

Spätestens mit Blick auf die insgesamt eher enttäuschende Entwicklung der Aktienkurse von einst hochgelobten Internetfirmen (Dotcoms) im Verlauf des Jahres 2000 haben sich die Stimmen Gehör verschafft, die vor übertriebenen Hoffnungen eines als neu apostrophierten Wirtschaftsmodells der Digital oder New Economy warnen. Dieses Buch versteht sich als Bestandsaufnahme, die die Einsatzmöglichkeiten der Informations- und Kommunikationstechnologien und des Internet einer differenzierten Analyse zuführt:
Wie lässt sich die Anwendung dieser Technologien messen und wovon wird ihre Nutzung bestimmt?
Wie werden durch diese Technologien und das Internet bisherige Marktbeziehungen verändert und gelten tatsächlich neue Spielregeln auf den elektronischen Märkten?
Von welchen kritischen Erfolgsfaktoren sind die Modelle des elektronischen Geschäftsverkehrs (E-Commerce) abhängig?
Einführungen: Wirtschaft Bd. 1, 2001, 240 S., 34,80 DM, 17,90 EUR, br., ISBN 3-8258-5310-1

Franz W. Peren (Hrsg.)
Kompendium 2000 zur Informations- und Kommunikations-Technologie

Die New Economy wird zum wesentlichen Bestandteil einer globalen, neu strukturierten Wirtschaft. Deren Erfolg bestimmt sich vor allem durch die genutzte Qualität von Kommunikation und Information, deren Art und Geschwindigkeit sich schon bald zu einem Szenarium entwickeln wird, das dem in den Wirtschaftswissenschaften bisher rein theoretischen Konstrukt einer unendlichen Reaktionsgeschwindigkeit eines vollkommenen Marktes im klassischen Sinne sehr nahe kommen wird. Dadurch erfährt die marktwirtschaftliche Lehre seit der Industrialisierung im 19. Jahrhundert eine nicht erwartete Renaissance. Sie wird realer denn je, nimmt marktwirtschaftlich positive aber auch mitunter gesellschaftspolitisch bedenkliche Züge an, wie sie seit über einem Jahrhundert fernab der normalen Realität lagen.
New Economic Yearbook Bd. 1, 2000, 184 S., 39,80 DM, 20,90 EUR, br., ISBN 3-8258-5086-2

LIT Verlag Münster – Hamburg – London
Grevener Str. 179 48159 Münster
Tel.: 0251 – 23 50 91 – Fax: 0251 – 23 19 72
e-Mail: lit@lit-verlag.de – http://www.lit-verlag.de
Preise: unv. PE

Anna M. Theis-Berglmair (Hrsg.)
Internet und die Zukunft der Printmedien
Kommunikationswissenschaftliche und medienökonomische Aspekte

Das Internet macht traditionellen Medien(-organisationen) in vielfacher Hinsicht zu schaffen. Verlage und andere Medienakteure befinden sich in der Situation, in eine Zukunft investieren zu müssen, deren Konturen erst langsam sichtbar werden. Mithilfe einer Interpretationsfolie, welche kommunikationswissenschafiliche und medienökonomische Aspekte gleichermaßen berücksichtigt, werden die Ergebnisse verschiedener empirischer Studien (Nutzerbefragungen, bundesweite Verlagsbefragung und einzelne Fallstudien) in einen Zusammenhang gestellt und mit Blick auf künftige Entwicklungen interpretiert. Dabei kommen Wissenschaftler und Praktiker zu Wort.
Bd. 4, Frühjahr 2002, 250 S., 39,80 DM, 20,90 EUR, br., ISBN 3-8258-5499-x

Inga D. Schmidt; Thomas Döbler; Michael Schenk
E-Commerce: A Platform for Integrated Marketing
Case Study on U. S. Retailing

According to market forecasts, e-commerce will attain growing importance in the near future: Business transactions are changing. However, until today, the subject lacks profound findings about possible challenges and advantages, as well as about success factors of acceptance.
The present book informs about the trends in business-to-consumer e-commerce both from the retailer's and the customer's point of view. Additionally, it contains a case study of a well known U.S. retailer and a corresponding customer survey. Based on the results of this study, customer profiles, market segments and strategies are derived.
The study shows that e-commerce is far more than a mere selling and distributing channel. It is a platform for an integrated marketing that takes customers' needs into consideration while at the same time enforces customer focus.
While it may be too early to predict its ultimate impacts, e-commerce is certainly a major source of business opportunity today. The greatest threat may be the risk of not acting on this occasion.
Markt, Kommunikation, Innovation Bd. 4, 2000, 208 S., 39,80 DM, 20,90 EUR, br., ISBN 3-8258-4661-x

LIT Verlag Münster – Hamburg – London
Grevener Str. 179 48159 Münster
Tel.: 0251 – 23 50 91 – Fax: 0251 – 23 19 72
e-Mail: lit@lit-verlag.de – http://www.lit-verlag.de
Preise: unv. PE